Evil Under the Sun

XPOSE ECEPTION

阳光下的罪恶

◎卢孟来 编著

防骗·防诈·防身术

生存·生活·生意经

骗术大揭秘

生活防骗第一书

生动分析了骗子的心理，深刻揭露了骗子的罪恶，
教你识破骗子的伎俩，让骗子无处遁形，
从此，你不再受骗！

内蒙古文化出版社

图书在版编目（CIP）数据

阳光下的罪恶：骗术大揭秘 / 卢孟来编．— 呼伦贝尔：
内蒙古文化出版社，2009.1
ISBN 978-7-80675-666-9

Ⅰ．阳… Ⅱ．卢… Ⅲ．诈骗—鉴别—基本知识—中国
Ⅳ．D669.8

中国版本图书馆 CIP 数据核字（2008）第 204879 号

阳光下的罪恶：骗术大揭秘
YANGGUANG XIA DE ZUIE : PIANSHU DA JIEMI
卢孟来　编著

责任编辑　白　鹭
封面设计　书心瞬意

出版发行　内蒙古文化出版社
地　　址　呼伦贝尔市海拉尔区河东新春街4 – 3号
直销热线　0470 – 8241422　　**邮编**　021008

排版制作　鸿儒文轩
印刷装订　三河市华东印刷有限公司
开　　本　710 × 1000毫米　1/16
字　　数　200千
印　　张　17.5
版　　次　2009年1月第1版
印　　次　2024年1月第2次印刷
书　　号　ISBN 978-7-80675-666-9
定　　价　58.00元

前　　言

这是个浮躁的社会，很多人都在做着一夜暴富的梦，于是，在光天化日之下，各种赤裸裸的骗局便铺满了社会的每个角落，在这个社会的上空撒下一张巨大的网。我们生活在这张网下，不知道什么时候自己会被困住，不知道该如何躲避这张看不见的网。于是乎，我们开始怀疑，开始猜测，开始迷茫……

夫子云：人无信不立。诚信和欺骗成反比，当欺骗成为不少人发财致富的途径时，社会的诚信便慢慢地蜕化，我们向往的那种鸡犬之声相闻的日子将渐行渐远。我们已厌倦了尔虞我诈的生活，但是，历史在前行，社会在进步，我们还得迎头赶上，即使前路充满陷阱，路人披着伪装。

正义与欺骗成反比，当欺骗盛行于世时，正义显得势单力薄，当我们只扫门前雪的时候，也就管不了他人瓦上的霜。我们的同情心正在慢慢地流失，正义感在慢慢地弱化，自我私欲便慢慢膨胀。

骗子能在所有的时候欺骗某些人，也能在某些时候欺骗所有的人，但他不能在所有的时候欺骗所有的人。其实，骗子只是用伪装铺设了一个陷阱，是我们缺少防卫的武器，是我们自己走进了骗局。

本书给你一把解剖刀，剥开各种骗子的画皮，淋漓尽致地揭露了骗子如何骗人的伎俩。尽管骗术不断变换包装，花样不断翻新，但其基本套路仍然没有改变。我们将借你一双慧眼，深刻地剖析被骗者之所以上当受骗的普遍根由，识破骗子的伎俩，让骗子原形毕露，让诚信重新归位。

这是一本让骗子深恶痛绝的爱民书！

从此，我们不再受骗！

编　者

2008 年 12 月

目　录

当我们正在享受生活的安逸时，往往忽视了周围的环境，这样，给罪恶的黑手留下了可乘之机。

第二篇　伸向银行的黑手

当我们以为银行是存储财富最可靠的地方时，你的身后不知不觉多了双可怕的眼睛。

第三篇　伸向电话的黑手

电话以迅雷不及掩耳之势占领我们生活中的重要位置，在带给我们无限方便的同时，也带来了诸多风险。

信息社会，我们需要有辨别信息真伪的能力，若是良莠不分，吃亏的还是我们自己。

第五篇　伸向亲友的黑手

幻想着一夜暴富的人实在太多,而站在金字塔尖的人又实在太少,所以,大家拼命往上面挤。

第六篇　伸向职场的黑手

职场如战场,一点没错,当你落入骗子精心设置的陷阱时,那么职场就是屠宰场,我们的眼睛必须比雪更亮。

第七篇　伸向学生的黑手

再穷不能穷学校，再苦不能苦孩子。偏偏有些人就打着孩子与学校之间的主意，我们不能不防！

第八篇　伸向无知的黑手

当一个人开始相信鬼神的力量时，那么这个人离被骗就不远了。

第九篇　伸向消费的黑手

消费应该是花钱买轻松的事儿，没想到现在的消费很多是花钱买气受。

第十篇　伸向爱情的黑手

爱情是神圣的，容不得半点虚假，可惜的是，神圣的爱情一旦被骗子利用，你就成了对方的提款机。

在车站我们听得最多的是“祝您旅途愉快”，而现实中，旅途并不都是我们想象的那样，中间可能布满了陷阱。

在汽车即将代替匆忙的脚步时，有些人的眼光比汽车的速度快多了，他们赶在你前面，为你设下了一个又一个的卡。

第十三篇　伸向房产的黑手

当“吾庐独破受冻死亦足”的人越来越少时，我们不得不打起十二分精神面对如今的暴利房产业。

第十四篇　伸向商业的黑手

“无商不奸，无奸不商”，话虽如此，但凡事都有个度，超过这个度，就变成了骗。

第一篇

伸向生活的黑手

——生 活 骗 术

当我们正在享受生活的安逸时，往往忽视了周围的环境，这样，给罪恶的黑手留下了可乘之机。

香烟也让你犯晕

做批发生意的李女士刚将店门打开，就进来一名40岁左右、穿着很普通的男子，他买了十几元钱的卫生纸。李女士接钱时，发现对方给的是两张折叠在一起的百元大钞。“俺做生意从来讲究诚信经营，绝对不会多收顾客的钱。”李女士说。当她将多收的100元钱还给那名男子时，那位男子却说他有张50元面额的，让她找零。

那名男子进店后抽了一根香烟，还不停地问这问那，而且离她很近。不久，李女士就感到头有些发晕，浑身轻飘飘的，只想闭眼睛，还感到肚子饿，双腿发软。

事后，李女士只记得，那男子对她讲，将她包里的钱给他就行了。等那男子不慌不忙地离开后，李女士才想到没给钱怎么就找了钱呢？想到是当天头一宗生意，李女士很难过，便出门去追，却不见那名男子的踪影。当她回到店内看手提包时，发现近几天的四五千元营业额没了，才知道自己上了当。

火眼金睛

俗话说得好：害人之心不可有，防人之心不可无。李女士就忽略了这一点。现在社会上，骗子骗钱的手段真可谓千奇百怪、五花八门，有的甚至玩一些“高科技”，的确让人防不胜防。

其实，骗子所谓的“高明”手段，也就是利用了我们一时的麻痹大意或者贪便宜心理。在你放松警惕的时候，就是骗子最容易得逞的时候。骗子的智商并不比我们高，只是我们的警惕性有时变低了。愿理智的人从自身或他人的被骗经历中，多长点儿记性吧！

路边的钱包你别捡

这种骗局一般由 3 个人组成，为了方便，我们称之为甲、乙、丙。甲通常在银行、储蓄所门前转悠，负责寻找合适的目标。你一旦被甲看中，乙便出场，他匆匆从你身旁而过（或骑自行车或走路），肯定会有一包东西掉在你前面的地上，隐隐约约露出里面的钱（实际是假钱或废纸）。

这时一般会出现两种情况：

一、你如果去拾，丙马上就会出现，提出要和你分钱，一会儿又说人太多别让人看到，不如少分我一点儿，把你身上的钱给我算了。你为了贪图那一包钱，往往会昏了头，把刚从银行取出的钱交给了人家，还以为自己占了个大便宜。等你匆匆赶到家或偏僻的角落，打开包一看，你就什么都明白了。

二、如果你没有去捡，丙就上前捡起钱，并求你不要告诉别人，许诺可以和你分钱。你贪图便宜跟他走到偏僻处，准备分钱时，乙会匆匆“如约”赶来，说丙拾了他的包，丙一定矢口否认，并跟你使个眼色，趁机把你的钱拿过来装在他的身上，并把拾的那包钱转给你。你自然不会说什么，因为你的钱虽然在丙身上，但你身上放着的是更多的那包“钱”。当丙和乙撕打着远去的时候，骗局结束了，你也已经上当了。

在某街某路，韦某看中了一骑自行车妇女颈上的金项链，遂叫陈某在这妇女面前丢下外封一张五十元票面人民币内为白纸的一捆“钱”。这

时，韦某及时赶到并拾起来，对妇女打个不要声张的手势，并叫妇女停车与他分“钱”。正当他们要分钱时，陈某忽然返回对韦某说：“请把我的钱还我。”韦某矢口否认。陈某说前面有人看见韦某拾到他的钱了，并回去叫人来对质。趁这当儿，韦某把“钱”交给妇女，并对她说：“这钱你拿着，咱们来不及分了。这样吧，你就把你的金项链给我，这钱就全归你了，好几万啊！”妇女犹豫了一下，看看那一捆钱，迅速取下金项链交给韦。韦某一拿到价值4000多元的金项链后，迅速溜走。回到家后，该妇女方知上当。

火眼金睛

此骗术的高明之处在行骗者巧妙地制造混乱局面，让对方短时间内无法辨别真伪，钱财宝贝就在你犹豫不决、心存侥幸之际，已经被骗走了。如果你遇到此类骗术：第一，千万不要去捡钱包；第二，应该迅速离开，免得无端被人拉住要分钱；第三，要牢记，天上不会掉馅饼！

四两怎能拨千“金”

某医院门前，一男子走下摩托车径直向一位中年妇女走去，并对她说：“大姐，我想找一个人煮饭，你能帮我找吗？”

中年妇女说：“好呀，我正要找份工做。”随后，该男子告诉中年妇女说他们10人住在附近，找人做午餐和晚餐，工钱是每月400元。

接着，该男子用摩托车将中年妇女带到××地方。

这时，迎面走来一位中年男子。

该男子马上招呼道：“队长，你去哪？”

“我正找你，我们那东西放哪好？”中年男子问道。

“那就放这位大姐家吧，大姐是我请来帮我们做饭的。”

“好的，那到时就给大姐2万元的保管费吧。”中年男子说道。

接着该男子告诉中年妇女说，他们是地质队的，探测到一古墓，并从400米深的地下挖出一批金银财宝，这古墓已无后人。由于这是阴间的东西，为确保平安大姐需准备1000元包好祭祀一下。

中年妇女借到了960元钱，并在家里搞起祭祀。该男子打开一张事先用米汤写好“平安”两字的纸让中年妇女点燃另一张纸来烤，于是这张纸上呈现出“平安”两字。该男子说就用这张纸包，正在中年妇女包钱时，该男子说：“不是那样包的，我来帮你包吧，你去拿香来。”中年妇女一去拿香，该男子当即用事先准备好的纸包调换包钱的纸包。把香拿来点燃后，中年妇女跪拜，该男子交待说“纸包到明天才能打开”，说完就不急不慢地跑了。

火眼金睛

骗子用“贵重东西”诱惑你，这类骗术就是骗子在买方与卖方中间故意制造出一个差价，让你觉得有利可图，一转手就能够赚上一大笔。有的情况下，会有一个骗子充当“托儿”，愿意和你共同出钱买下这个“贵重东西”，骗子看你的情况而定要你出多少钱；或者找借口，说是要把东西押在你那儿，要你拿出一笔现金。总之，想方设法套出你的现钱，等你的钱一到他手，他们就伺机脱身了。你手里拿着所谓的“贵重东西”，其实就是不值钱的铁器铜器而已。利用人们善良的一面进行欺骗是骗子惯用的伎俩。

迷信加善良是这位中年妇女上当受骗的根源。遇到这种情况，我们不妨进行一下反思：既然是地质队的，既然是挖宝藏的，为什么没有个地方存放挖出来的东西？他们凭什么相信我？这些东西放着就放着，为什么还要用钱来祭拜？当我们多问几个为什么的时候，骗子可能就溜之大吉了，因为你将识破他们的诡计。

有些英雄不能当

一天逛街，小王看见一个中年女人和一个妙龄女孩在纠缠，两个人都说对方抢了自己的包，围了许多人在看。可是，到底是谁抢谁的包？谁也没有看见。

女孩求哪位大哥大姐有手机，赶紧替她报个警。

中年女人气急败坏，一脚狠狠地踹在女孩身上，并趁势夺过了包。

小王挺身而出抓住那中年女人，并夺过包还给了女孩。

警察赶到后，大家异口同声叱骂中年女人抢包还行凶打人，女孩却不见了踪影。警察很快弄清了事实，真正的贼是那个妙龄女孩！

中年女人立即揪紧小王的衣服不松手，一口咬定小王是女孩的同谋，小王和中年女人一起被带回派出所。

经过详细询问，小王的“同谋”嫌疑被解除，但警察说，因为小王让人家蒙受了一定的经济和精神损失，得补偿一下。小王只好从兜里摸出仅有的200元给那位中年女人，并再三道歉。

往回走的时候，小王忽然看见前面不远处，那位中年女人正和妙龄女孩站在一起，满脸得意的笑。

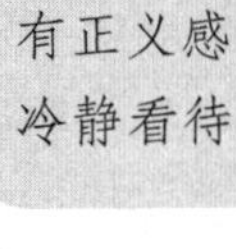

火眼金睛

这个骗局是一个明显的双簧戏，演双簧的角色采用苦肉计，让有正义感的人入套，最终达到谋取精神补偿之类的目的。社会上有正义感的人很多，当然这样演双簧的成功率就比较高，只有我们冷静看待，善于区分，才不会让真正的正义流失。

实物换现要思量

两名中年男子来到一家手机营业点，掏出了四张面值均为 100 元的手机充值卡，说：“这是我们单位发的福利，自己用不掉，想换成现金，但由于是发的，运营商不给退，就只好拿到您店里来换一下，希望老板可以通融一下。”

一开始，店主并不同意，但两人又说：“我们马上要离开这个地方了，到了外地不知道还能不能用，怕浪费了，您就通融一下给我们换了吧！”

店主看见两人衣着得体，也不像骗子，店面本身就狭小，两人在柜台前一站，其他顾客也就没法选购了。出于好心，店主收下了那两人的四张充值卡，给了他们 400 元现金。

在那两名男子走后没多久，有一名顾客来买充值卡，店主就将刚收的卡卖给了对方，可是对方在店里将新卡上的密码层刮掉后，竟然发现里面是空的，什么都没有。店主这下可着急了，连忙把其他三张都刮开，发现密码层里也是什么都没有，这才知道上当了。店主连忙追出门外，可哪里还有那两名男子的身影。

火眼金睛

好心的店主却被无情的骗子耍了，究其原因，主要是出于好心，毕竟这个社会好心人还是多。骗子就抓住了这一点，采用实物换现的方法进行诈骗。当然，这种骗子不是很多，或许真有没有办法要换现的人，我们就应该区别对待了。

有些外币不值钱

张某想转让房子，便在街头贴了一张“转让启事”，并留下了自己的手机号。

一天中午，两男子经电话预约，来到张某住的地方看了看，并说买房的事需要他们“林总”亲自定夺。

张某应约来到某酒店，见到了“林总”。就在他们谈论买房一事时，一个“乡下人”进来询问这是不是××号房。“林总”与其几问几答后，“乡下人”开始吐苦水：他妹妹两年前跟一个大款跑了，最近他的朋友发现妹妹与那个大款住在该酒店的××号房，所以找到这里。

这个“乡下人”着急地说，他父亲得了心脏病，现急需钱用，并称家里有亲戚在加拿大，汇了一些加拿大币过来，想找到他妹妹将其换成人民币为父亲治病，没想到妹妹却找不到。

“林总”看他可怜，表示愿意帮他兑换。

“乡下人”拿出9张“加拿大币”，并称这些钱可兑换人民币45000元。但“林总”只有两万余元，他假装很为难地向张某借钱。

听了“乡下人”述说，张某也觉得“乡下人”挺可怜，不假思索地去银行把存折上的两万元人民币全取出来交给了“林总”。

“林总”将那些“加拿大币”全部交给张某。

因为“乡下人”急着要回去为父亲治病，张某就替他拦了一辆出租车，并付了15元钱的路费。

然而，等张某回到酒店时，发现房间里空无一人。张某发觉不对劲，赶紧拿着钱到银行鉴定，这才发现这些钱原来不是加拿大币，而是秘鲁币。

火眼金睛

这种骗局的道具是外币。为了增加骗局的真实性，他们所用的一般是真正的外币，最常见的是秘鲁币，即使厚厚的一叠也不值几个钱。情况一般是这样：一个焦急的外地人跑到你的面前，告诉你他家里出了事，急需用钱，而手中只有外币，需要兑换成人民币，并愿意以较低的价格兑换。正说话间，第二个人出场了，他会亮出工作证，说在金融系统工作，知道这种币值的汇率远远高于刚才那个人所说的，一个巨大的利润诱惑便产生了。你如果被金钱迷乱了眼睛，就会稀里糊涂地上了他们的贼船。

别看到外币就眼睛直了，要弄清楚究竟是哪种外币，而且银行有兑换外币的业务，因此用外币来和你换人民币的，一定是骗局无疑，一概不要理会。

问路引来的麻烦

宋婆婆经过某宾馆门口的时候，一个男子操着外地口音向她问路。男子自称是浙江来的，到这里来送一批货，以前他们的业务伙伴地址在××地方，但当他找过去的时候对方已经不在了，听说搬到了这附近，他怎么找也找不到。

宋婆婆说她不知道。这时，一男子经过两人身边，外地人又赶紧向那人问路。宋婆婆看他很着急，便帮他说："看嘛，这个人是外地来这里送货的，结果对方公司找不到了，看你知道不？"

外地人又详细介绍了情况：他来送的是一批通信器材，每个仪器要卖200元，这批货总价值40万元。

那名男子一听就说："我是检察院的，那家公司因倒卖电视机遭政府取缔了。"外地人一听就很着急："那你能不能帮我把货处理了？"宋婆婆也帮忙说好话。"检察院"的于是答应帮忙，掏出手机就联系起来，并说一个"铁关系"答应帮忙，在单位对面的马路边见。挂上电话，"检察院"的说他是公务员，不方便，就让宋婆婆带外地人过去，就说是他爱人的阿姨。

宋婆婆称有事去不了，外地人把她拉住了，请她帮忙帮到底。就这样，宋婆婆和他们来到了某某单位门前，果然看到从这家单位出来一个老总模样的人，说他们出 48 万元，不过需要对方账户上有 96000 元他们才能把货款打过来。外地人很无奈，说公司不准这样做。

这时，“检察院”的出现了。“检察院”的把宋婆婆拉到一边，说不如他们两个来凑这 96000 元，凑了就可以吃 8 万元差价，宋婆婆想，自己只要答应了，不仅帮了别人，还可以赚一笔，于是答应出 2 万元。

接下来，宋婆婆取了 2 万元钱，“检察院”的也从银行走出来，就近找了个宾馆，一起把钱交给了“老总”。“老总”于是走了，外地人取货去了。一会儿，“老总”打电话来，让宋婆婆拿着身份证和他一起去银行开户。等到宋婆婆赶到时，哪里有人等她，另外两人的电话也打不通了。

火眼金睛

当别人遇到困难，我们理应做些力所能及的事情，就像故事中的宋婆婆，帮忙找人引路是非常善良的做法。对于马路上刚认识的人，我们只能做分内事，不宜帮人过深，如果你在这时候把握不住尺度，很可能在不知不觉中陷入对方精心设计好的圈套，而且还要记住一点，发财事没那么容易遇上你！

熟人也会坑熟人

段某是易先生多年前的同事，前些年两人各奔东西后，彼此没什么联系。在前段时间，两人在路上偶然碰面后互留了名片，段某称自己开了一家职业介绍所。

一天，段某给易先生打电话说他在某酒店请人吃饭，这个人想买辆车，请做汽车销售的易先生过来作陪，好做成这笔生意。易先生马上带着资料赶到该酒店，段某说请的人还没来，让易先生在餐桌边稍等。两人等了一会儿，段某说自己身上没带现金，让易先生借200元给他买烟招待。

段某借钱后，到酒店服务台拿了两条香烟，然后就不见了。等易先生感觉不对劲要离开酒店时，酒店工作人员将其拦住，要求其支付300元烟钱。易先生认为自己也是受害者，烟也不是自己拿的，不应承担酒店的损失，双方为此发生纠纷。直到民警赶到现场做了调解，易先生付了250元给酒店后才离开。

易先生事后再打电话找段某时，怎么也打不通了，而名片上的那家所谓的职业介绍所也根本不存在。易先生这才大呼熟人骗熟人真卑鄙。

一位自称是在某处工作的胡某找曾经和他一起工作过的李某，并让李某把曾和他在一起工作过的另一些同事都叫来聚一聚。

胡某和李某十几年前曾在同一个单位工作。李某便把好友周某、张某等人叫来，坐着胡某开来的车子来到市内一家宾馆就餐。李某等人对胡某的不约而至很高兴，大伙要来酒，喝了起来。吃饭期间，胡某说自己的手机没电了，想用李某的手机给别人打个电话，李某也没在意，便把手机借给他用。于是，胡某拿着手机到外面打电话。

过了20多分钟，仍不见胡某回来，李某便用一同来就餐的周某的手机往自己的手机上打电话，此时李某的手机已关机。这时李某感觉不对劲，赶紧到外面找胡某，但没有找到。

这时，胡某带的司机还在就餐，李某想有司机和车子在，不怕他跑了。李某便让这个司机去找胡某，司机去找了一圈也没有找到。李某问司机“胡某去哪了”，司机说他也不认识胡某。

原来，这个自称在某单位上班的胡某是从另外一个地方雇这个出租车来酒店的，他和司机说好了往返路费 150 元。 司机说，胡某来酒店途中，也说自己的手机没电了，曾用他的手机给几个同事打过电话。后来，李某打电话询问几个与胡某相识的人，他们都说与胡某好多年没有来往了，不知道他现在到底是干什么的。

在宾馆吃了一顿饭花了 300 多元不说，还被胡某骗走了价值 2000 多元的手机，李某十分懊悔。

火眼金睛

若干年前的同事突然和你谋面，当然是件令人高兴的事，毕竟大家同事一场，或多或少是有点感情的，如果这些熟人请客聚餐，你会不去吗？你会怀疑这些熟人会趁机坑你吗？可是事情就出现在这些人身上，这些骗子借你的同事感情，背地里干着让你意想不到的事情。当然，这种情况毕竟还是少数，大多数老同事之间还是存在着昔日的温情。不过，我们不得不提醒大家：遇到那些口口声声说是老熟人，却只见过几次面的熟人，得多长几个心眼，等你的财物到了他的手上，你就再也找不着人了。

虽然说时刻提防自己身边的熟人是一种病态，但是，对于那些曾经是熟人的人来说，我们不妨多留点心思，毕竟大家这么久没有在一起了，彼此的底细都不清楚，弄不好，到头来落个损失财物的结局。像这种骗局，损失财物是小事，感悟人心不古才是给人最大的伤害！

别被升值迷惑

做生意的程女士要去出摊，走到某处，一男子上来搭茬：“大姐，买不买手镯？ 这个手镯不一般，它和神六一起上过太空，我是通过朋友关系花了20万买来的，以后肯定能升值。”

程女士没有动心。

这时，一名女子凑过来，穿着藏蓝色类似警用的大衣。

“哟，这么好的东西呀，真不错。 大姐，我在法院工作，我平时上网都知道，神六上天带了个镯子去，听说挺值钱的。”

程女士仍在犹豫。

突然，旁边窜出一个大汉，自称是保险公司的，他说：“你要是不要我买了！”他上来就把手镯夺到自己手中，“真的还是假的？”

没等几个人回答，他又掏出一本画报，拿手镯开始对着画报研究。

“哎呀，简直一样啊，就是上神六的那个镯子。 这上面还说，现在就已经能卖26万了。”经三个人轮番忽悠，程女士开始动心了。

程女士转身到银行，取出11万，到另外一家银行取了9万，筹够20万，买下“神六手镯”。

火眼金睛

随着神七的升空，人们对太空探索更加狂热，很多不法分子就借用各种名目与之靠上点边儿。跟随神六上天的东西值钱否？毫无疑问，肯定具有一定的收藏价值，并且也具有升值的潜力。不过，跟随神六上天的东西是路边人能拥有的吗？我们不禁要多问个为什么。骗子借用那个画册做道具，做得可谓用心良苦，难道我们不知道画册是可以自己做出来的吗？一叶障目，不见泰山。不要被眼前的烟雾迷惑了我们的双眼，毕竟，我们还有属于自己的脑子。

老外也要江湖术

一天晚上，刘先生开的烤肉店来了两个自称是“印度商人”的客人。两人坐定后，点了大约100多元钱的烤肉，还要了一瓶400元的红酒。

大约12时左右，“印度人”要结账离开，可是两个“老外”在收银台前翻遍了全身也没有找到一张人民币。随即，一名“印度商人”掏出一张面值为100元的美钞，要求刘先生找钱。刘先生心生怀疑，生怕遇上使用假钞的骗子，便要求“印度人”换钱，可是当时已经是深夜，所有银行都关了门，无处进行兑换。于是刘先生提出，要印度人留下一张百元美钞作为抵押，等第二天持人民币来换回美钞。可“印度商人”以自己“马上要乘飞机返回香港”为由拒绝了刘先生的提议。

见刘先生害怕美元是假钞，“印度商人”掏出了自己的钱包亮给刘先生看，刘先生发现钱包中还有至少30张百元美钞。“印度人”连比画带手势地告诉刘先生，如果他害怕收了假钞，可以从这些钱中任挑一张。谨慎的刘先生又检查了一遍这些看不出任何异样的美元，发现钞票号码也完全正常，不是连号或者重号的假钞。于是便重选了一张美元，并按正常的汇率给“印度商人”找了钱。然而当刘先生持“美元”到银行去兑换时，却被告知，虽然这张“钞票”制作得非常逼真，但却是一张假钞。

火眼金睛

老外来消费，当然是一些小店的“福分”，在我们眼中，老外有的是钱呀，他们消费水平高，要赚就赚老外的钱。中华民族是礼仪之邦，对外宾友好是我们的传统，不过，对在晚上用大面值外币消费的外宾，我们可得多长个心眼，平时多熟悉一点外币基本常识对经营者来说是当务之急。

上门收钱没服务

入户订奶，对于居民尤其是一些老年人，本是一件好事，然而个别不法分子却假借“上门服务”骗钱。

一名自称某奶品公司送奶员的中年女子来到杨大娘家推销袋装鲜奶，老人见来人佩戴着胸卡并带有工作证，而且牛奶的价格也挺合适，便订了一年的袋装牛奶，同时交付了300多元的预付款。

此后，每天早晨杨大娘都能准时收到送奶员送来的鲜奶。有一次，杨大娘发现，当天送来的奶有些异味，通过拨打送奶员留下的联系电话反映后，很快得到了解决。

但好景不长，一天杨大娘取奶时发现奶箱里是空的。接连几天过去了，奶箱里仍旧不见袋装牛奶的踪影。杨大娘赶紧拨打联系电话，但没人接听，向奶品公司反映，奶品公司却称不知此事。

杨大娘不甘心300多元就只喝了两个月的牛奶，便先后到多个相关部门投诉，但均由于无法提供更多的线索而未能得到解决。

火眼金睛

以“上门服务”为幌子行骗的事件屡有发生，但查处的难度比较大，这主要是因为不法分子留给消费者的联系电话或收据多数不可靠。所以大家在预订牛奶、矿泉水时一定要到有固定经营场所、营业执照的正规奶站、水站办理预订手续，以免吃亏上当。

狸猫也能换太子

小王去服装店，看好了一件衣服，很大方地将百元大钞递过去，自己却还站在镜子前比试，这时，服务小姐说话了：“小姐，麻烦换一张，这张是假钞。”小王纳闷，是刚从银行取的钱呢！ 小王接过钱看了看，很镇静地说：“小姐，别骗人了，不然我报警了，我刚发工资，钱的号码都是连在一起的。”然后小王拿出荷包中所有的钞票，还将号码念出来了，售货小姐可能心虚，就将先前那张钞票退给了小王。

陈先生在一家服装店里看中了一件标价 10 元的中裤，于是掏出一张 10 元的钞票给了店员。 店员称那张 10 元钞票缺角，拒收。 陈先生就又掏出一张百元钞票。 接过钱的店员转了一个身，回头又说没有零钱找。 陈先生表示只有刚才那张缺角的。 旁边的一个女孩走过来说，缺了一点也没有关系。 毫无防备的陈先生从店员的手里接过 100 元钱（已被换假），然后将原来的 10 元钱给了店员。 随后，他又到旁边的一家服装店，同样的一幕再次上演。 等回到家里，陈先生才发现自己的两张百元真钞都被换成了假币。

火眼金睛

这类骗子多集中在人流量大、流动人口多的火车站、汽车站等集散地。遇到这样的不法商，一定要理直气壮，义正辞严，做贼毕竟心虚，骗子都会乖乖地奉还“赃款”，骗子谁不害怕被举报，谁不害怕钟馗前来捉鬼！但是，你一定要说得有底气。最重要的是自己在把钱交给对方时，留意一下自己所给钱的号码，到时就可以以此为依据“搞定”对方！

传单不要随便接

傍晚，某公司一员工行走在步行街上，马路边的众多推销人员不断向其递来传单或宣传资料。 该员工出于礼貌便接了几张传单，但当其拿着那几张传单数分钟之后，忽然觉得头脑昏眩起来，继而感到头前所未有地痛，此时该员工感到情况不妙，急忙跌跌撞撞地走到路口，拦了部出租车直奔附近的人民医院。 医院诊断，该员工是由于接触或吸入了一种混合性麻醉药而导致以上症状。

火眼金睛

这是一起有预谋的抢劫未遂事件，一些图谋不轨的不法分子向路人发放预先喷上类似麻醉性药物的传单或宣传资料，然后锁定一些目标（特别是女性），紧随其后，一旦药物发挥作用，不法分子便伺机对事主进行抢劫。

尽量不要接收街头派发的传单或宣传资料，特别是在独自一人的情况下，女性尤其要警惕，万一您误接了上述资料，并感觉身体不适，请立即向就近的警察求助，尽快就医。

装可怜骗同情心

一对年约十三四岁的兄妹，头戴孝帕跪地乞讨。少女在燃烧的蜡烛旁，哭泣着紧抱一个写有“奠”字的深棕色骨灰盒；少年则低着头，用苹果插了几支香。

两人面前的纸上写着，他们是来自江西的兄妹，母亲早逝，父亲在外打工。前几天，在重庆打工的父亲患病去世，兄妹俩赶过来将父亲火化了，但却没有回乡的路费，只有乞讨凑钱，带父亲骨灰返乡安葬。

“好可怜哦！”悲惨的遭遇赢得路人同情。不少人纷纷慷慨解囊，你两元我三元地给两人捐钱。

“大家注意哦！类似骗局多得很哟。”眼见掏钱的人越来越多，人群中一位戴眼镜的男子提醒说。

“他们那么小，不会骗人的！”、“连骨灰盒都拿出来了，是真的。”眼镜男的观点虽得到部分人赞同，但遭到一些婆婆、阿姨的反对。一位70多岁的婆婆更是递上了10元，并警告眼镜男：“你可以不捐，但别阻止他人。”

“骨灰盒里肯定是空的。”一中年男子又提醒说。不久，骨灰盒不慎被掀开了，竟暴露出一些黄色锯末，引得围观路人一阵哗然。两兄妹见事情败露，相互使了一个眼色后，匆匆将行头收拾进一个纸袋子里，趁着夜色跑了。

火眼金睛

扶弱济贫是中华民族的传统美德，可千万别让那些好吃懒做的人利用了我们的传统美德。这类利用人们同情心骗钱的大有人在，行骗者往往具备能以假乱真的证件和一张“诚恳”而“痛苦”的脸。

路边的“地雷”踩不得

路边的押注不要理。几个碗倒盖地下，骗子凭借很快的手法，将一粒棋子放在某个碗下，让你去猜。如果你押 50 元，猜中了他倒赔你 50，猜错了这 50 元就输给他了。这样的骗术，往往会有一群骗子来充当观众，起哄或者押钱，他们押钱大多数都是赢。如果你动心的话，就看你钱包里有多少钱了，因为他们都是一伙人。就算你赢钱了，也不一定能拿走，一伙人会把你抢个精光。

路边的棋局不去看。吴某看到路边有人设棋局，3 名围观者正用心“研究”，并不停地“交流”招数。当象棋迷吴某蹲下细品棋局时，这 3 人便不断“鼓励”他与设局者试试，其中一人还将 100 元塞给他下注，并说输了钱与他无关。受此“鼓励”，吴某不由赌兴发作，掏出 50 元，与那 100 元合起来作注，交给其中的一名老年男子，让他作“中间人”，之后与设局者大战起来。在下棋的过程中，3 名“旁观者”不断为他“想招”，且常因意见不同而大声争吵，害得吴某无法专心下棋，没多久，就稀里糊涂地败下阵来。没等吴某回过神来，设局者便与另两人迅速地从“中间人”手上拿过钱走了。这种以设赌局诈骗的案子，有人当托表演，诱使人上当，如果被当场识破，这些人便会趁人不注意溜走，或是实施威胁手段硬将财物掳走。

路边的“花牌”不要惹。农民赵老汉到某亲戚家喝喜酒。由于离市区较远，加之春耕春种事情较多，有几家本应去喝喜酒的亲戚不能同去，便将红包托付给赵老汉。

赵老汉走出汽车站后，看到人行道上围了一大堆人，就凑上去看热闹。只见一个人手里拿着三张不同的扑克牌，将任意一张丢在地上后用脚踩住，然后让其他人猜踩着的是什么牌，相互间下赌注比输赢。这期间，赵老汉数次看到庄家的“舞弊”行为，即下注人掏钱时，庄家趁人不注意，偷偷换了牌。李老汉满以为自己眼睛亮，发现了这一“破绽”，认为只要小心一点，就可赢钱。于是他一边指责庄家作弊，一边用自己的脚踩住庄家的脚，然后去口袋拿钱。果真旗开得胜，赢了庄家 50 元钱。这时，旁边几个男女一个劲儿夸赵老汉“经验足”。但此后，赵老汉连连失利，不仅输掉了自己红包里的钱，还把别人的红包给输了，气得他在地上打滚，那些人却一哄而散了。“踩花牌”这种形式比较普遍，通常一伙人有的扮作看客、有的扮作玩者，引诱那些经验不足的人上阵。只要哪个上当者身上的现金、金器、手机现了面，他们就会想方设法、连哄带抢全部掠走。

火眼金睛

在路边看到牌局棋局，不要以为发财的机会来了，如果你这么想的话，倒霉的时候也就到了。千万不要以为这世界上只有你聪明，小心你聪明的背后藏着螳螂捕蝉的游戏，让你初尝甜头，然后让你不能自拔。遇到这样的情况，你最好是不予理睬，不要沾边，因为这些事与你无关，或者打个110，自然会有人来管他们的。

“亲朋子女”上门借钱

沈大伯外出散步时，一辆面包车突然在他身旁停了下来。车上一位30多岁的年轻人，热情地向沈大伯打招呼：“老人家，我该叫您声大伯。”

沈大伯瞧了瞧这位陌生的年轻人，怎么都想不起他是谁。正疑惑间，年轻人又笑着说：“怎么，您老不记得我了，我是从杭州来的。”

沈大伯有些吃不准了：“你是不是某某人的女婿？”老人突然记起在杭州的堂兄好像有个女婿有点像眼前这位年轻人。

“对！对！我就是他女婿，您老好记性……”年轻人和沈大伯套起了近乎。沈大伯这时放松了警惕。

随后，沈大伯热情地拉这位“侄女婿”到家中坐坐，又将400元借给了这位“侄女婿”。等到晚上，沈大伯越想越不对劲，就给杭州的堂兄打了电话。结果，堂兄说，他女婿这几天根本就没到沈大伯家去过。

火眼金睛

此类案件骗取的对象多为独行(独居)的老年人，事发地点多在街头、菜市场等地。骗子一般通过“偶遇”的方式与受害人搭讪、聊天，或跟踪、窥视受害人言语举动，来了解其家中情况，然后冒充老人的远房亲戚，以赢得老人的信任，并借机行骗，甚至发展为抢劫。防人之心不可无，不要毫无戒心与陌生人说话，更不能随意将个人的信息吐露给陌生人。家中有老人的子女，要经常给老人提个醒。平日，子女要与老人多沟通交流，让老人牢记联系方式。如遇此类情况，老人应及时告知子女，以免骗子得逞。

第二篇

伸向银行的黑手

——储 蓄 骗 术

当我们以为银行是存储财富最可靠的地方时，你的身后不知不觉多了双可怕的眼睛。

大额邮政储蓄可积分兑奖

一名自称是邮政所员工的男子，向徐先生派送邮政存折，说：“你只要往其中存入大额款项便可以积分兑奖。”同时他还附送给徐先生一份盖有“中国邮政储蓄所大额储蓄部”公章的致客户公开信。

该男子说：“这个派送的邮政存折里赠送了 50 元，邮政部门为了鼓励客户大额存款，开展大额存款积分有奖活动，存 5 万元以上每天可积 1 分；存 10 万元以上的每天可积 3 分。每积 1 分可奖励 2 元，奖金直接打入这个派送的存折中。照这样计算，大额存款客户一年至少可额外获利几千元。”

徐先生感到很蹊跷，立即向当地邮政部门核实，才知这是一个骗局，意在套取行骗对象的存款。

火眼金睛

邮政部门根本没有开展此类活动，公开信上所称的单位和公章都是假的。同时，骗子派送邮政存折后，手中还持有与之对应的邮政绿卡，一旦有市民上当受骗，将大额钱款打入到派送存折中，犯罪分子就可以用邮政绿卡把存款取走。这种诈骗活动才刚刚出现。当我们发现类似情况时应及时报警，以免上当受骗。

克隆银行卡还能提款

小张接到一陌生号码发来的短信，短信称：能在不知道密码的情况下，克隆任何银行卡，并重新设定密码进行提款。

小张怀着好奇心打电话过去：“听说你们能够克隆银行卡？”

接电话的男子说：“只要向我们提供一张银行卡，我们就能给你造出一张一模一样的。我们有这方面的技术，肯定没有问题。”

小张问：“你能不能知道银行卡的密码？”

男子透露：“你可以通过我们重新设定的密码，从银行卡里提出钱来，肯定好使。”小张说：“我前段时间捡到一张银行卡，想看看里面有没有钱，能不能取出来？”该男子立刻表示：“我们给你克隆一下，重新设定密码，肯定能取出来。”

小张询问收费情况，对方说：“克隆一张卡收费5000元。开始收取20％，克隆完毕再收取余下的费用。也就是说，只要把需要克隆的银行卡和1000元给我们就可以了。”

男子说，他们不能和小张见面，让小张把钱汇到他们的账号，再把银行卡给他们寄过去就可以办理。小张向他们要详细地址，男子随后提供了账号及邮寄地址。他告诉小张，收到钱后再和小张联系见面事宜，小张汇了款，那人从此却音讯全无了。

火眼金睛

不法分子偷看了持卡人的银行卡号码和密码后，克隆一张银行卡异地取走持卡人的钱款，这已被公安部门认定是一种高科技犯罪手段，但前提是知道银行卡密码。从技术角度讲，如果不知道密码，克隆银行卡基本是不可能的。在此，我们得提醒持卡人，注意保护好自己的银行卡密码。如果银行卡丢失，要尽快到银行挂失。

存钱可以翻一番

王某与吴某、陈某 3 人在一租赁房内合谋，以存款中大奖的方式来骗取某朋友汪某的钱财，并进行了分工。

合谋后，吴某联系上了汪某。一阵寒暄过后，吴某神秘地告诉汪某，他有一战友在重庆某银行当副行长，据内部消息透露，在这 3 天内到该银行存款，8 小时后支取可以翻一番。吴某还千叮万嘱汪某不要将此消息告诉任何人。

于是汪某按照吴某提供的密码在该银行营业厅开户并存入 100 元。随后，吴某要求汪某只保留储蓄卡，而将其存折骗过来并迅速交给了同伙陈某。陈某随即按计划到该银行分理处，在汪某的存折上存入 100 元现金。

次日上午，汪某到该银行营业厅查询，惊喜的发现存入的 100 元果真“变”成了 200 元，遂对吴某所说的“存款翻番”信以为真。

当日中午，被发财梦冲昏了头脑的汪某到该银行营业厅在刚开户的储蓄卡上存入 10 万元。吴某、王某立即将“好消息”告诉了陈某。当日下午，陈某持汪某的存折分 3 次从该银行营业部将汪某的存款 10.01 万元取走。

火眼金睛

这个骗局的伎俩其实很简单，但是因为是熟人就没有注意那么多，所以导致上当受骗。骗子或者说某某人是电脑黑客，懂得银行电脑系统的运行，能通过网络，进入银行系统，把存款数目成倍变大；或者说是某亲戚在银行内部，知道银行漏洞……如果真有存款能翻番这回事，那不好多人都发财啦？还轮得到你？他们不知道自己去存吗？即便是贷款也划算呀！所以，人不要被眼前的利益冲昏了头脑，把事情看得清楚点，那么，这样的骗局是无处遁形的。

有人叫你帮忙取钱

一衣着朴实的老头（或者衣着时髦的美女）在银行的 ATM 机前，突然招呼你说，“师傅，我不会用银行的 ATM 机，但我家里急着用钱，我告诉你密码，麻烦你帮我取一下。”于是你很热心地帮他把钱取了出来，密码什么的都对。于是，你就上当了！

因为，老头（或者美女）用的是其同伙的卡，所以密码正确，你也取得出钱来。但是他同伙随后就会尾随你，并且向公安机关报案说他的卡遭人偷了，偷卡的人就在那里（尾随你的人随时向警察报告你现在的地址，并且他会说刚才你们是两个人，另外一个人已经逃跑了），叫警察来协助。

警察来了后，叫银行调出监控录像——的确是你用他的卡取的钱（重点就在这里，因为现在的 ATM 机都有摄像头，你刚才帮忙取钱的情景已经被录下来了）当然，你会辩解说是那个老头（或者美女）叫你帮忙的，但是警察会认为你们是一起的叫你把人交出来！

最后，你不被治安处罚也得赔人家的钱！

火眼金睛

现在骗子越来越防不胜防！以前所说的贪财才会上当，现在不单是这样了，有时骗子利用你的同情心也很容易使你上当。很显然，这是一种利用人们的同情心的新型骗术，如果遇上这样的事情，有同情心者必上当，并且不容易识别它，只有等你上当了才会明白，所以遇到此类求助，最好建议其向警察求助。

谨防骗子盗卡新招

不法分子通过在自助银行的电子门禁上安装伪造的刷卡器，并提示客户输入密码，从而盗取客户的银行账号和密码。

一个青年男子来到自助银行门前，拿出一个伪造的刷卡器，迅速套在银行刷卡门禁的外面。不一会儿，一位女士来到自助银行。她拿出银行卡在电子门禁上刷了几次，但门没有反应。这时，她注意到刷卡器上提示输入密码，但密码输入后自助银行的门还是没有打开。最后，这位女士离开了。

以后，陆续有多位客户按照提示输入了密码，但都未果。

过了几个小时，银行保安发现有人在电子门禁上做了手脚，随即报警。但此时不法分子已经得逞了。

火眼金睛

客户刷卡就刷在不法分子的机器上，通过刷卡器，您的账号就传到他们的接收器上，不法分子盗用客户信息后，就可以制作一张同样的伪卡，盗取客户资金。

目前大部分自助银行门禁系统是不需要输入密码的，如果大家在进入自助银行时碰到输入密码的情况，请及时和银行联系，或者直接报警。

冒充银行职员接电话窃密码

徐小姐晚上到柜员机取款时，银行卡突然被卡住了。这时她发现，在柜员机上贴着一份公告，内容大概如下：市民在晚间取款时，若遇到任何麻烦，可直接致电该行工作人员宋某。公告上有宋某的工号和照片，还有一个手机号码。

徐小姐赶紧拨通了该电话，接电话的人自称宋某。他让徐小姐按照他的指示操作，看能否取出银行卡，但徐小姐试了很久都没有成功。宋某叫徐小姐将密码告诉他，他在网上远程操作。

徐小姐立即警觉地说："我的密码怎么可以随便告诉你？"

对方说："我是银行的工作人员，那里有我的工号和照片，你若对我的服务不满意，明天可以到银行投诉。为了防止你的银行卡被坏人取得，你还是告诉我密码，让我来为你处理。"徐小姐说再想想，就挂了电话。这时候，有两个分别拿着银行卡的人凑了过来，其中一人对徐小姐说，他之前也遇到过这种情况，结果花了 50 元补办新卡。另一人则叫徐小姐快点，他等着取款急用。徐小姐焦急万分，于是拨打了 110 求助。两人见徐小姐通知了警察便溜走了。在民警的建议下，徐小姐对该卡进行了电话挂失。第二天，徐小姐来到该银行取出了银行卡。

火眼金睛

事发当晚两青年人来到了提款机旁，并将一种类似回形针的东西放入了插卡口，徐小姐的银行卡正是被这个东西卡住的。"公告"上照片里的人物的确是该行的工作人员，而且是该行的"服务之星"，网上有不少他的照片，只是"公告"上的名字是错的，估计是骗子在网上打印了该工作人员的照片，张贴在柜员机上，然后打上了自己的电话号码。

柜员机前的调包记

在柜员机前取钱时，你前面的一位小姐（通常是小姐），用她的卡在柜员机上插，但无论如何都插不进去（当然可以插进去，只是演给你看而已），然后她就对你说，小姐（先生），借你的卡给我试一下，是不是我的卡有问题？ 你就把卡借给她，她就拿你的卡（这时的卡就不知是你的卡还是她的卡了）插了插也没能插进去，然后她就把卡还给了你，说些客套话后钱也不取就走掉了。 过后你用你手上的卡取钱，很容易就插进去了，你可能心里还笑着前面那位小姐，怎么这么笨呢！你就输入密码，但提示是错误的，你又输了好多遍，还是错误的。 后面的人会不耐烦或会好心地问你，是不是密码忘记了，他可能会好心地说：“这真奇怪，你回去拿存折和身份证跟银行说一下吧。”

你不得不走了，等到你到银行查余额时，你卡上的钱已经没有了！

火眼金睛

骗子是利用与银联卡外形一模一样的卡来行骗的，前面那位小姐把你的卡骗走，你后面有几位是那位小姐的同伙，会记住你输入的密码，随后就把卡上的钱取走，这种骗技虽然简单，但很容易得逞，不得不防！取钱时，不要把卡交给不认识的人，在柜员机上输密码时尽量用手捂着点，不要觉得不好意思，打印出来的回单也不要乱扔。

多学知识少上当

小梅接到一个电话，一个很甜美的声音恭喜小梅中奖了，并且跟小梅要存折账号好把奖金汇给小梅，这种骗局小梅听多了，而且小梅户头只有500多元，小梅抱着想要看看骗局是怎么玩的心态，就将账号提供出去。

第二个电话很快就来了，通知小梅去查询是否已经入账，小梅用自动柜员机一查，账户里真的多了50万，小梅心想真是财神上了门。

第三个电话来了，对方在确认小梅的户头里已经收到这笔奖金后，就要求小梅将20%的税金转账给该公司代缴，账号刚念到一半，小梅的手机却没电了。在回家准备充电的途中，小梅迫不急待地用公用电话将这喜讯告诉大哥，但是在银行服务的大哥阻止小梅将税金转账，并帮小梅查询这笔奖金是“现金”入账还是“支票存款”入账。

查询结果是用支票存款入账。因为骗子可以随便拿一张支票存入小梅的账户，虽然查询余额时会显示出这笔金额，但不代表小梅可以提取，因为银行还要进行票据交换的程序，通常是三个工作日，等银行确定没有被退票，才会将金额真正入账，因此要等到三天后钱真的入到账户后再说。

结果过两天，银行真的通知小梅这张支票退票了。

火眼金睛

还真得学点金融知识，想贪点便宜都得是有点“知识”的人才行，否则真会“血本无归”。现在骗子的花样越来越多，令人防不防胜，以此案为例，足见骗术之“高明”。

做了手脚的 ATM

骗子伪造“银行通知”，台头是建设银行蓝色钱币状标志，其色调同平时贴在 ATM 机上的注意事项通知的色调近似，通知的最后还注明：“谨防不法分子盗取密码，切记！”如果不是建设银行工作人员，根本看不出这是一张伪造的“银行通知”。

“通知”上写着：“我们近期由于系统进行升位调整，可能会给在 ATM 机内进行交易的储户带来不便。如您在交易过程中发现有卡被吞或取不出现金等异常现象，请您不要离开 ATM 机并立即与我行 ATM 机事务处管理中心联系处理，否则因储户方面原因造成的资金损失我行概不负责。联系电话 ××××××××”

这是骗子利用 ATM 机的转账功能行骗，骗子事先用塑料卡将出钞口塞住制造故障，等大家发现故障拨打“通知”上留的电话时，骗子会说系统有问题，要求储户先把钱转到其事先在银行开的账户上，并声称该账户是银行的“公共账户”。由于不要求储户说出密码，不少人因此被麻痹而上当。

而另一张伪造“通知”则没有留任何电话，而是手把手地“教”储户转账。该“通知”写着：“因我行自动取款机新系统升级期间，原服务功能程序比较混乱。需取款的客户请按下列提示操作：输入密码后—按转账业务键—按转出转账—输入本机出钞程序——系列数字—确认后再输入取款金额。”

如果储户按这个程序操作，自己银行卡上的钱也会转到骗子的账户上，而那一系列数字根本不是什么程序号，而是骗子的银行卡账号。

工行的 ATM 机前，贴有一张粉色告示：“因系统升级，为保证您的资金安全，减少不必要的损失，请按提示操作，提示若出现异常，请您与客服中心联系，否则损失自负。客服：95588（白天：早上 8 点—晚上 8 点）；85984 –95588（晚上：晚上 8 点—次日早上 8 点）。”

末尾还提醒：“请注意不法分子盗取密码！”

这张告示看似和真的一样！其实，这台 ATM 机的出钞口已被纸板塞住。

告示很具欺骗性，犯罪分子制假手段不断“升级”，犯罪分子贼喊捉贼：故意“好心提醒”卡民小心密码被盗。

假告示登出两个客服电话，第一个客服电话 95588 确实是工行客服电话，不法分子利用这个号码起蒙蔽作用，真实意图在于对第二个虚假的客服电话进行伪装，将小灵通号码 85984955 写成 85984－95588。

乍一看，号码后半部分为工行客服电话。实际上，最后两个 8 为无效号码，只要拨到号码第 8 位，电话就通了。对方就会“指示”大家根据他的提示操作，意在盗取密码，伺机把卡上的钱转到他指定的账号上。

火眼金睛

ATM 机因其方便受到许多市民的广泛使用，同时也给不少不法分子可乘之机，近年来，不少市民因各式各样的伪造“银行通知”被骗。不论 ATM 上的公告或通知是否加盖公章，只要是要求转到指定账户，该公告或通知一定存在问题。银行的 ATM 如果出现故障，银行会将机器关闭，暂停使用。同时，目前银行的客服电话都是以 95 开头 5 位数字的电话，且基本上是 24 小时畅通、全国统一的。

套取密码克隆信用卡

吴某正在一家自助银行取钱，突然，一外地男子进来拉住吴某说："你手中的信用卡好像是我的。"

吴某断然否认，两人争执了一段时间后，该外地男子拨通了"银行信用卡部"的电话，提出现场核对吴某的信用卡密码是否改过。

急于证明自己清白的吴某心想，信用卡在我手中，又不会被人取走现金，就放心地报出了自己的信用卡卡号和密码等有关信息。

最后，外地男子不得不承认是自己搞错了。吴某原以为事情就此了结，然而没隔几小时，感到事情蹊跷的吴某到银行一查，才发现自己信用卡上的 1 万多元现金已被人提空。

火眼金睛

此类骗术抓住了受害人以为信用卡在手中，就不可能被人取走现金的心理。事实上，骗子早已设下骗局，由一方充当银行工作人员，套取受害人信用卡信息后，立即克隆信用卡，盗取卡内现金。

信用卡也需要代办

在做副食批发生意的刘女士看见一家投资咨询公司打出的广告，称可代办银行信用卡，并能透支取现。因为她想透支一些钱做周转资金，但自己无固定收入，无法在银行办信用卡，就决定求助于该公司。

刘女士来到该投资公司的办公地点咨询，赵经理热情地接待了她，并告诉她："银行3个月才能办下来的信用卡，我们公司30天就能办好，还可以通过关系在银行里刷'POS'机提现。"

过了几天，刘女士带着证件来到该公司，交了1.5万元手续费。但是当刘女士再一次来到该公司时却发现，公司大门紧闭，门上贴着一张公安分局的通知，称该公司涉嫌诈骗。

无独有偶，张先生在媒体上看到了"贷款咨询"的广告，急需贷款的他当天去了解情况。

"多办几张信用卡就能解决贷款问题。"投资咨询有限公司女业务员说，"采用信用卡透支的办法，比其他的贷款方式更快更方便。目前各银行都在推行可在POS机上透支消费的信用卡，以投资公司与银行的特殊合作关系，可以一次性给一个人办出分属不同银行的10张信用卡。目前，每张信用卡透支额度在1万至5万元间，10张卡就能透支10万到50万元。采取这种办卡的方式，完全能满足您的贷款需要。"

另一名业务员还说："在公司帮助下，你甚至可得到免息贷款。因为，按银行的规定，信用卡透支后若56天内偿还，就不计利息。在

收取1%回扣的条件下，该投资公司可帮助客户按时提现和还款，这样就大大降低了客户的利息支出。”

连续咨询了几家公司后，张先生最终与该投资咨询公司签订了委托代办信用卡的协议。张先生提供办卡所需的个人资料，支付1600元代办费，该投资咨询公司承诺在7至15个工作日内代为从广发银行、交通银行、建设银行、民生银行等4家银行办妥4张信用卡。协议还附加约定，若因张先生个人资格问题致办卡失败，张先生自负责任。若因公司方面问题，公司全额退款。

一周之后，张先生问询办卡进展，该投资咨询公司说，“资料已递上去了，银行正审核，你再等两天。”

随后的一周内，张先生又反复追问办卡进展，但该投资咨询公司让他一等再等，一直等了一个月卡也没办下来，该投资咨询公司的人说：“你的个人资格出现问题，银行不给办卡，卡办不下来了。”

办卡失败，张先生找该投资咨询公司退款，结果却是：“不给退。因为这是你个人方面的原因，合同在这里呢！”

火眼金睛

一些市民去银行办理信用卡无法达到办卡标准，以致被一些不法公司所提出的“方便办卡”蒙蔽。代办信用卡暗藏陷阱，消费者如果到银行直接办理时无需交纳任何费用，委托投资咨询公司办理银行卡承诺最迟30个工作日即可拿到信用卡，然而，银行卡中心办理信用卡一般只要15个工作日。办卡成功与否关键决定于消费者向银行提供的个人资料是否达到银行评估个人信用度的标准。委托投资咨询公司办理与信用卡申请成功的可能性并无关联，此外个人隐私也无任何保障。

不要轻信陌生人

拥有大专学历的李某在算命时听说自己将遇上“贵人”，于是偶遇一名陌生男子时，就把他当成命中的“贵人”。

李某在一个广场唱歌时，认识了一名叫欧某的中年男子。欧某称他是从新加坡来中国经商的商人。经过几次交往后，李某对他产生了信赖。欧某说，如果她有什么困难，他可以帮忙。李某就说自己准备过段时间买房子，想向他借钱。

一个晚上，欧某约李某到某大酒店，两人坐在大厅里聊天。欧某拿出一叠钱说：“我现在就可以把钱借给你，但我不知道你是不是真的要买房，你银行里是不是真的有钱。”李某提出和他到银行查自己的户头。欧某就说不用那么麻烦，用手机就可以查询余额了。李某便把储蓄卡给了他。欧某用自己的手机输入卡号后，把手机递给李某输密码。之后，欧某称有事先出去一下。

过了 20 多分钟后，欧某返回，又提出要李某把身份证抵押给他。李某又给了他身份证。她没想到，欧某出去以后，就用她输在手机里的储蓄卡密码取走了卡内的 1 万元，然后逃之夭夭。

火眼金睛

不熟底细的人有可能是你生命中的贵人吗？可能是，也可能不是，不过属于后者的居多。不要轻易相信陌生人，不要让自己的银行卡密码外泄，这是保护自己财产的最基本防护，可惜，有时我们太大意了，太相信别人了，其直接结果就是自己的财产被侵犯。

变着法地骗

刘女士和朋友在某商场逛街，遇到两名衣着光鲜，一胖一瘦的男子，他们询问刘女士哪里有招商银行，他们的银行卡磁条坏了需要进行修复。

刘女士好心告诉对方，银行朝九晚五上班，现在没有开门。

随后，两男子装出一副可怜相，称来洛阳游玩，手头的 5000 多元花光了，眼瞅着卡上还有几万元取不成，想借刘女士银行卡用一下，让家人往卡上打 2 万元。

刘女士出于好心，索性告诉对方自己一张工商银行卡的卡号，“胖子”随即拨打电话通知“家人”，因“家人”有事，钱汇入账号还要等 2 个小时。

两男子就邀请刘女士等人在附近一咖啡厅喝茶。 期间，他们与刘女士攀谈，不断吹嘘自己家境如何优越，让刘女士渐渐放松了警惕，“胖子”还借询问工商银行卡服务电话，以询问汇款问题为由，趁机看刘女士那张工商银行卡并暗中进行调包。

在双方交谈正畅快时，瘦子接完一个电话后，装做很着急的样子，称郑州有急事，临时要去郑州一趟，希望刘女士能借点路费，随后再从汇款中“冲抵”。 刘女士将一张还有数百元的交通银行卡给对方，并告诉对方密码。随后，瘦个子男子出门取钱，“胖子”继续与刘女士等人聊天。

数分钟后，“胖子”又以借刘女上手机，出门催家人汇款为由，逃之夭夭。刘女士等候半天，见人没有回来，察觉不对，急忙前往银行查看，才发现自己手拿的那张工商银行卡已被调包。刘女士自己两张银行卡的密码一样，自己原先工商银行卡上的 1 万多元已经被骗子取走。

火眼金睛

现在很多人手中都有多张银行卡，为了省心方便，都设置了相同的密码。骗子就是看准这点，一步步设局套取密码，希望人们对此类骗局提高警惕，尽可能不要将银行卡外借他人，即使需要借出使用，也要时刻跟在借卡人身边，注意对方的操作使用。

我工资卡里面的钱呢

随着高科技的发展，金融系统网络办公给广大人民群众取钱或消费提供了很大方便，然而利用高科技犯罪的侵财案件时有发生。

小张在查询自己工资的时候大吃一惊：“我的工资呢？ 很奇怪，我工资卡中的1300元钱不翼而飞了！”

为了弄清钱被取走的过程，小张到银行咨询，工作人员回答：“从柜员机上取钱必须同时具备两个条件：一是有磁卡插入；二是输入磁卡密码。”

小张说：“我的磁卡从没外借过，且密码没有泄露过的迹象，那么钱又是怎么被取走的呢？”

原来问题出小张在某商场的一次消费上。

两天前，她到某商场购物划卡结账时人很多，可能是犯罪分子趁其不备窃得了她的卡号和密码，而后通过高科技手段复制磁卡后从异地将钱取走。

火眼金睛

为了避免经济损失，磁卡拥有者在使用磁卡时要提高防范意识，特别是取钱或消费时，一定要确保磁卡密码的保密性，不给犯罪分子留下可乘之机。

信用卡刷卡有漏洞

肖小姐日常消费经常会用信用卡刷卡，“信用卡不用密码，只要持卡人签名就可以，很方便。”她回忆说，有天晚上，她到吉之岛去逛，“看到一款45元的墨镜非常喜欢，当时就决定要买。”肖小姐随后刷信用卡买下了眼镜。

但到月初她拿到银行月结单，发现消费记录显示：当天晚上8时59分，她确实刷卡消费了45元，对此肖小姐没有异议。但紧接着下面一笔消费记录显示：当天晚上9时左右，她又在吉之岛刷卡消费了357元，也就是说她买完眼镜后50多秒就又刷卡买了东西。

“买这么多钱的东西，时间又离得这么近，我根本没有一点印象。”肖小姐说。她随后与银行取得联系，银行证实第二笔消费确实也在吉之岛店完成。

肖小姐随后赶到吉之岛店，通过财务，肖小姐查到第二笔消费是在店里购买了玉兰油产品。肖小姐由此确定肯定有问题，她说：“我从来就不用该品牌的产品。”

肖小姐和银行联系，坚持称自己并没有进行该笔消费，表示将拒付这357元。肖小姐来到吉之岛店，她说：“从财务保留的消费单原件看，第一笔消费单上我的签名有被人描过的痕迹，也就是说有人在我买

完眼镜后，描过我消费单上的签名，之后冒充我在第二张消费单上签了我的名字。”

肖小姐向该店反映了情况，第二天他们就给肖小姐打电话，调查证实是该店一名收银员趁肖小姐刷卡买眼镜时，偷偷把她的卡又刷了一遍。 在肖小姐走后，她冒签肖小姐的名字，又消费了357元买商品。

火眼金睛

此事件暴露出零售行业刷信用卡消费上的监管漏洞，除了商家加强监管外，还是要提醒消费者，对自己的卡注意保管，消费时加强防范意识。信用卡随时都可能被别人刷，希望大家还是小心为上！

移花接木的存款单

一个60多岁的陈老汉在镇上银行存钱时，由于识字不多，亲手把多年积攒的36000元钱存入了骗子的账户。

陈老汉夫妇两人多年省吃俭用积攒下来36000元钱，前几年借给了亲戚，刚刚还回来。为了安全，陈老汉决定把这笔“巨款”存进银行。

早上9时左右，从来没有到银行存过钱的陈老汉和老伴一起来到了镇上的银行。识字不多的陈老汉填了两次存款单，都被银行工作人员退了回来，说填写不规范。这时候，旁边一个约30多岁的男子凑了过来，“热心”地递过一张写了名字和账号的纸条：“你按照这样写就可以了。”陈老汉就按纸条上的内容填写，填好了第三张存款单后，他将存款单和存折递给了银行工作人员。

陈老汉万万没有想到，这第三张存款单上，他亲自填写的却是别人的名字和账号。当银行工作人员告诉他，36000元钱已经存入“卡”上时，陈老汉也没有特别在意。

回到家中，想起自己只有存折，并没有办银行卡，陈老汉开始怀疑自己填写的存款单可能有问题。

第二天，陈老汉赶紧叫女儿去银行查看，一查发现存折上36000元钱已没了踪影，巨款被陈老汉自己亲手存入了骗子账户。

火眼金睛

陈老汉不识字，怎能让他去银行存钱呢？何况存钱的数目也不是小数，这就更应该让做儿女的反思了。老人一辈子的积蓄被骗子几秒种就卷走，实在是让人心痛。在痛恨骗子之余，我们得和老人提个醒：存款时千万别和陌生人搭讪，或者干脆让自己的儿女去存，也省得自己跑路，既安全又轻松！

冒充银行打电话骗财

某公司王先生接到一个自称银行工作人员的电话，对方在电话里告诉王先生的信用卡在商场消费1.8万余元。王先生大吃一惊，自己根本就没用信用卡消费过，当王先生准备进一步问情况时，对方告诉王先生需要打电话到指定部门去咨询，并留下了一个外地的电话号码。

情急之下，王先生没有多考虑就拨通了这个电话，电话接通后，电脑语音提示称某银行的服务电话。

按照电脑语音提示，王先生选择将电话接到人工服务，一个自称银行工作人员的人告诉王先生他的信用卡确实出现过消费，要求王先生留下信用卡账号和密码，以便进一步帮助他查清问题，会将情况及时反映给王先生，此时毫无戒心的王先生便将账号和密码告诉了对方。

接下来很长时间，对方没有再来电话，感到蹊跷的王先生立即赶到附近的银行进行查询，但查询结果令王先生大吃一惊，他银行账户中的15万元已经不翼而飞。

火眼金睛

在信用卡使用过程中要注意个人信息的保密，如果接到此类自称银行的电话后，不要轻信对方，不要轻易将自己的银行账号和密码告诉对方，最好立即到附近银行进行查询。如发现问题请立即拨打报警电话。

钱“吐”一半被卡住

陈小姐因为临时需要用钱，便与丈夫到附近的 ATM 机上取 5000 元。 然而，让陈小姐非常奇怪的是，随着机器运转的声音结束，那叠“吐”出一半的 5000 元钱却卡在了出钞口上，怎么也拉不出来。

陈小姐的老公一边焦急地抱怨，一边指了指一张贴在机旁的温馨提示跟妻子说：“快按这个号码打过去问问。”

这是一张被塑封过的白色小卡片，上面写道，“如果您在操作过程中遇到障碍，请拨打 × × × × ×95588”。 因为害怕这吐到一半的钱被“吃”回去，陈小姐很快用手机拨通了这个号码。

接电话的是个男子，他首先告诉陈小姐，自己是该行的工作人员，并保证这被“卡”住的 5000 元是不会出问题的。

“那请问您卡上现在还有多少钱？”这名“工作人员”突然话题一转。

“4 万 8 千元。”没来得及细想的陈小姐脱口而出。

“好，您稍等。”接着，电话那头一阵寂静，过了一会儿，“工作人员”告诉陈小姐，经过查询，她的账号上的确有 4 万 8 千元。

“但因为您的卡可能因为这台 ATM 机的故障出了些问题。 现在我们给您开了一个新的账号。 您只要按照我们说的步骤在机器上进行操作，明天就可以到我们银行来拿回您的钱了。”

就这样，陈小姐按照“工作人员”的提示，先后输入了自己的账号以及另一个由“工作人员”报出的新账号。

“请问现在屏幕上是如何显示的？”操作完毕后，“工作人员”问。

“交易成功。”

“那好，明天您可以来我们银行拿回这张新卡了，再见。”没等陈小姐说再见，对方抢先挂断了电话。

当天晚上，陈小姐通过网上银行查询，发现自己卡中的4万8千元钱竟分文不剩。

火眼金睛

“吐”到一半的钱被卡住，是因为有人把一片与出钞口长度一致、宽约两厘米的塑料片塞进了出钞口。那个张贴在ATM机上的温馨提示显然也是骗子们提前张贴上去的。他们在行动前，是做过精心准备的。比如说，谁负责在ATM机上做手脚、谁负责扮演工作人员的角色、谁去取钱，全部都有明确的分工。一旦有人拨打那个印在提示卡片上的小灵通号码，负责扮演“工作人员”的骗子就会在取得事主的信任之后，让对方按照自己的提示，把事主卡里的钱转移到自己的账号上。一旦成功，他就会立即打电话给早已守候在其他地方的取钱人，把钱迅速转移。整个骗术其实一点也不高明，它能成功，主要利用了人们在钱被卡住时的紧张心理以及人们对银行的信任。

别把"密码"气出来

刘小姐路过某医院附近时，忽然两位中年妇女拦住了她。其中一位妇女手中拿着一个鼓鼓的黄色钱包。这位妇女热情地问刘小姐是不是丢了钱包。刘小姐看了钱包一眼，发现这个钱包不是自己的，便如实相告。两位妇女听后，有点失望地走了。

没想到刘小姐刚走了不远，又有一名中年妇女从后面追了上来。该妇女声称刘小姐捡到她刚才丢的钱包，钱包中有一张卡，卡中存有2万元钱。刘小姐反复辩解说，自己没有捡到钱包，不过刚才恰好碰到两个捡到钱包的人。但该妇女说什么也不相信她的话，一再要求刘小姐把钱包拿出来看看，以证明她说的是真话。无奈中，刘小姐拿出自己的钱包和银行卡。该妇女仔细看了银行卡后，竟说刘小姐的卡和她的银行卡很像，需要到银行验证一下。于是当着刘小姐的面，她拨通了一个"银行服务电话"。"服务员"在电话那头要求刘小姐说出自己的密码，刘小姐为了防止密码泄露，特意走到一边，小心地把自己的姓名和密码告诉了对方。听到"服务员"的答复后，该妇女说了句"对不起，找错人了"后，就走了。刘小姐还是掉进了骗子精心设下的陷阱，"银行服务电话"是中年妇女提供给她的，而"服务员"就是其同伙，刘小姐就这样白白损失了几千元钱。

火眼金睛

银行密码是保障我们资金安全的防火墙，将银行密码轻率地通过电话告诉陌生人，无异于自拆了防火墙。为了防止上当受骗，我们再次提醒您：请守护好自己的"防火墙"，无论什么时候，你的密码只有你自己知道，其他任何人（包括银行）都无权知道；无论什么时候，都不要将密码告诉他人。要防止被骗，仅仅没有贪心是不够的，还必须掌握一定的防骗技巧，别被气糊涂了。

第三篇

伸向电话的黑手

——电话骗术

电话以迅雷不及掩耳之势占领我们生活中的重要位置，在带给我们无限方便的同时，也带来了诸多风险。

有些电话不能打

一个女孩随着人流出站了，出站后她发现她的手机没有电了。她在车站广场上发现了 IC 卡电话机，于是她便拉着箱子走到话机旁边。她把箱子放在身前，开始拨电话。这时她后面站了一个男的，手里拿着卡，好像在排队等电话。正当她刚刚把号码拨完，后面那个人突然伸出手“啪”的一声把话机的压簧按了下去，电话没有接通。这时女孩转过身很气愤地看着那个人，那个男人立即满脸堆笑，连声说“对不起，不是故意的”。然后告诉女孩，你按重拨键就可以了！

女孩满脸疑惑地转过来，按了重拨键。这次没有被挂断，通了！但是，是另外一个陌生的声音。女孩问：“××在吗？”传来声音是：“对不起，他刚才有急事出去了，连手机都没有拿，他让我去接你。”女孩又问：“他不是让我打的去××大厦吗？”那个声音：“是这样子，我们有车，现在我们去车站接你，你到车站旁边的××酒店等我！”

这时侯一直站在女孩身后的那个男子说话了：“我知道就在那儿，离这儿很近，为了表示歉意我送你去那儿！”说着就拉起女孩的行李，这时电话那边已经挂了！可怜的女孩就傻乎乎地相信了他的话，跟着那个男子走，还不时地给那个男子道谢！

火眼金睛

发生这种现象的地方多集中在火车站、汽车站附近，有些不法分子对附近的 IC 电话做了手脚。所以，最好不要在车站附近用公用电话，不要轻易相信你的熟人派来的陌生人接你，否则不久后，你就可能出现在某山沟沟里——你被拐卖了！如发现类似情况，及时采取机智的做法，找到附近的治安岗亭，寻求帮助。

不回陌生来电

未接来电专门引诱你回拨，你一旦回复，将被扣掉高额的话费。其中一些电话甚至可能是国际长途。

某公司文秘王小姐也碰到这样的“未接来电”，在回复后，电脑提示音说：“欢迎进入六合彩信息中心，你已经成为我们的会员，每条短信两元。”

在某媒体工作的温先生更烦。他在凌晨被手机铃声吵醒，手机上的未接来电显示010（北京）区号的电话，他回过去，却听到一个甜甜的女声说：“欢迎进入午夜不寂寞聊天节目。”他才明白这是高额收费的信息台。温先生算了笔账，信息费加上长途费，一次就被骗四五块钱。

通信管理局市场监督处的负责人表示，对这样利用未接来电骗取消费者高额话费的信息台，通信公司尚无权对用户的来电进行过滤，技术上很难防范，希望消费者加强自我防范意识，谨慎回复陌生来电。

多个网上社区论坛盛传一条“电话吸血鬼”的帖子，该帖子说，千万要小心手机上显示的以0941、0951开头的未接电话，因为你很有可能会为短短的几分钟或十几分钟通话时间付出几百元的代价。

一般市民会以为，0941、0951只是国内电话区号。其实，0941、

0951 是台湾中华电讯的呼叫号码，该公司在网上提供的资费表清楚地说明，在台湾，市内电话拨打 0941、0951，依照业务类别不同，每分钟价格 4 至 6 新台币不等。台湾另一家提供 0951 电讯服务的奇景资讯网站介绍，0951 大部分是以交友系统、专业咨询、电台抽奖为主的主叫付费电话，话费为每分钟 4 新台币。

利用消费者对付费电话的不了解，用未接电话方式诱使消费者拨打 0941、0951 等付费电话，赚取高额话费的手机诈骗手段在台湾盛行一时。如果收到台湾 0941、0951 的付费电话有两种可能：一种是长途，这类电话一般都有特殊显示；再一种没有特殊显示的，有可能是利用软件技术进行更改或是转接到大陆区号为 0941、0951 的地区，再由这两个地区的电话打出。

火眼金睛

如果有人有急事要找你，肯定不会一响电话就挂掉的，这是人之常情。所以遇到一响就挂的电话，里面肯定有不可告人的秘密，要么让你进入声讯台，要么让你进入六合彩咨询站。因此，一响就挂的陌生电话千万别回，你回，你就做贡献了，钱是小事情，重要的是影响心情。

要的就是你关机

深圳一员工康某在外地出差的时候，收到深圳的一部手机发送的短信息：“请注意，我们将连续六小时不断地拨打你的电话，请做好心里准备。你可以选择关机，谢谢！”

在收到这条短信息后，便有一部深圳的小灵通打来的电话，康某一接听，对方就说：“我们将在六小时内连续不停拨打你的电话，你可以选择关机。”

康某问对方为什么这样做，对方回答说是测试。问对方是什么单位，对方不回答，然后挂机。此后，康某大约每分钟接到一次由这部小灵通打来的电话，康某每次接听，对方就叫他关机。对方不断地拨打，康某终于不堪忍受，只好关机。就在关机之后不大一会儿，康某远在成都的家属打他的另外一部手机，说有人打电话到家里，你出了什么事情哦？

这是一起典型的诈骗未遂案件，其诈骗方法：犯罪嫌疑人狂打当事人的电话，当当事人不堪忍受而关机或拔线（固定电话），然后，犯罪嫌疑人将打电话给当事人的亲友，称当事人突发事故正在抢救，请对方立即汇多少钱到某某账号，并声称，如果在多长时间内收不到钱将停止抢救。这时，接到电话的亲友会在第一时间内打当事人的电话，而当事人的电话恰恰因前述原因而关机或无法接听，这恰恰佐证了当事人出了事故的“事实”，“救人”心切的亲友往往因此而上当。

火眼金睛

当您碰到类似的事情时，请不要慌张，您可以在电话中主动揭穿犯罪嫌疑人的伎俩，以免对方心存幻想而不断来电骚扰，并且打电话给自己的亲友，告之此类事件的真伪，提醒亲友切勿上当受骗。

家里的电话不乱说

在外地当厨师的王强乘坐列车从广州返乡。列车上坐他对面的一男子主动与他搭话，那男子自称姓张，在长沙开大饭店，正在物色会做豫菜的师傅，月工资 2500 元。他还热情地邀请王强到他的饭店当厨师。王强见工资高，又见“张老板”热情，当场答应了这件事。接下来，“张老板”记下了他家的电话。

当王强兴奋地赶到家时，母亲“哇”地哭起来：“你朋友下午 3 时来电话，说你在长沙出了车祸，昏迷不醒，急需 1 万元抢救费，你爹带着东凑西借的 8000 元现金，现在已乘列车去长沙了。”听罢母亲哭诉，王强猛然醒悟：在列车上和自己套近乎的“张老板”原来是个骗子！

无独有偶，张辽放假坐火车回家，在火车上，一中年男人和他拉着家常，并自称做农产品生意，当知道他是河南人时，就说有去河南做生意的打算。最后，对方主动把电话给了张辽，然后要了张辽的电话，说以后离家在外多一个朋友路好走。

但当张辽上了火车以后，他远在河南农村的家就出事了。当时一个骗子假装医生的身份打电话对张辽的家人说，张辽在南昌出了意外，大量出血，现在躺在医院急救，需要 15000 元的医疗费。后来可能担心张辽家长怀疑，骗子又打来电话说，先马上寄去5000元，并且威胁说现在医院不见钱不让抢救。出于对儿子的担心，张辽的父亲立即从当地信用社贷了5000元给骗子汇了过去。直到张辽回到家，全家人才发现上当受骗了。

火眼金睛

有些骗子在列车上先套出打工者家的电话，然后打电话谎称打工者出事急需钱，骗取打工者家里钱财。实施“套号诈骗”，因此，在列车上，不要轻易将家中的情况及联系方式告诉陌生人，以免上当受骗。

“套号诈骗”这样老套的伎俩之所以能够屡屡得手，并不是这些骗子行骗手段非常高明、不易察觉，主要是因为人们的警惕性不强，而骗子们也多选择社会经验不足并且家在较为贫穷地区的学生和民工家庭行骗。这些家庭了解信息的渠道相对较少，通讯不够发达，比较难求证电话的真实性，出于对亲人的担心和忧虑，往往就中了骗子的圈套。可能你还在庆幸自己遇上了贵人，可你家里人正在忙活着凑钱救你的命。我们可以跟陌生人说说话，但千万别给陌生人留家里的电话号码。

假戏有时被真做

坐公车，到站开门后，一个男人突然堵住车门说：“我的手机不见了，大家不能下车！”

人群哗然。

这时旁边有人说：“别急，这事很简单，你用个电话打自己的手机，看在谁身上响谁就是贼！”

这时这个男人就会向身边的一个人借手机要拨自己的号码。

突然靠近门口的一个人挤下车拔腿就跑。

这个男人也没还人家的手机就叫嚣着追了过去，转眼两个人都不见了。

于是，这次真的有人丢了手机。

火眼金睛

这类把戏具有很强诱导性，一旦手机借出去了，十之八九就肉包子打狗了。如果你在车上遇到这种情况，千万不要把自己的手机给他，如果出于好心，你可以叫他报号码，你自己帮他打，这样把戏就戳穿了。

小心手机“五步蛇”

一个背着旅行箱神色可疑的人进入候车大厅，他先是坐在一位年轻女士旁边想搭话，但显然女士对聊天毫无兴趣。那人只好摆弄自己的手机，然后若无其事地走开了，可没过一会儿他又回来了，这回他找了一个男孩聊天，聊着聊着就熟了。聊天过程中，他不停地打电话，然后就说自己手机没电了，想借手机打个电话，并主动把自己的手机卡递了过去。手机借到手了，那人先是坐着打，后来是边走边打，并托付那个男孩子帮着看一下自己的包，说着说着，就向候车室门口走去。

我们再回顾一下骗子行骗的整个步骤：

第一步：锁定目标。要想手机骗到手，就得先从人下手！涉世不深，平易近人，在骗子眼里，这才是候车室里最可爱的人！

第二步：搭讪聊天。一见面就开聊，就算无聊也得聊！古今中外，天涯海角，一聊他还就没完没了！

第三步：看包重任。聊得越火热，不是口渴就是上厕所，请你帮忙看包，信任背后有圈套！

第四步：频繁接电话。左一个电话右一个电话，不是业务繁忙，就是没话找话，把电池耗完了，就等向您求援了！

第五步：步入主题。和你混熟了，时机也成熟了，手机借到手，见机脱身，从此不再现身！

火眼金睛

有一种毒蛇，民间俗称“五步蛇”，据说只要被这种蛇咬一口，走不出五步，人就得当场毙命，这骗子也采取这“五步”式骗手机，你好心帮它，它最后还反咬你一口！急人之需是美德，而利用这种美德实施不法行为就成了罪恶！

仇家买凶伤人

一天，小刚突然接到一个陌生人打来电话：“我自我介绍一下，我姓刘，老家在黑龙江，现在四海为家，坐过N年牢，手下有一帮兄弟，你到底得罪什么人了？ 有人出几万元给我买你的头。”

小刚说：“我没有得罪什么人呀？”

他说：“不可能，人家既然肯出几万元给我，就说明这个人得罪得不轻呀！ 你再仔细想想！”

小刚说：“你们是不是搞错了？”

他说：“这个我不管，人家肯出钱，我就得办事。”

最后好说歹说他才给小刚一次机会：“要不你出10万给我，这样你就可以免灾，我谎称已经把你废了就是！”

可惜小刚不是大老板，只有每个月的一点工资，二十年也赚不到这个钱，一家老小还要吃饭呀！

小刚想想说：“那就算了，要命你拿去，打死我，我也搞不到这10万块钱，银行贷款也没有什么担保，死就死吧！”

过了几天相安无事，现在还好好的，那人居然没来“废”他。

火眼金睛

这年头，不知不觉你就得罪了人，尤其是呆在一些得罪人的岗位。如果遇上打电话说有人要废你的主，你会以为真在什么地方得罪了一个得罪不起的人物。骗子利用这种心理，专攻那些内心防线脆弱的人，他们也是碰运气，能唬到几个是几个，而我们，绝对不要成为那几个中的一员。毕竟，现在是法制社会。

空手也能套白狼

包女士下岗后，开了一个小烟店，还安装了4部公用电话。一天一名20岁左右、身着网通工作服的男子来到烟店，“我是网通服务员，上门查看公用电话是否有毛病。”

恰巧，包女士所安装的公用电话中有一部总是通话声音不清，拨号反应慢，遂向该男子反映。该男子详细地记录下电话号码和包女士店铺所在的具体位置。

随后，该男子说：“我手中有一些充值卡，你是否要些？”

包女士店旁边的几名业主听说后，也纷纷赶过来咨询，男子熟练地向大家介绍各种卡。

看到包女士有些动心后，该男子又说道：“我们正在搞一个优惠活动，只要你一次购买500元以上的各种充值卡，便可以在你的店里设立一个售卡代办点，在店附近100多米不允许其他人代办。如果现在办理，网通还会免费赠送一个代办点条幅，并派2名业务员上门免费做业务宣传。以后，网通还可以免费赠送打码机，办理打号等业务。”

看到小伙子这般热情，包女士表示要买。该男子告诉包女士：“我主要负责报修不直接卖卡，要不等会让售卡的直接送来。”

看到包女士有些怀疑，男子遂表示可以打电话到单位去询问，是否有他这个人。包女士拨过去电话后却一直无人接听。

男子解释说："今天是星期天，单位没人。"

包女士又致电网通客服中心询问，工作人员表示单位人员众多现在无法查。迫于情面，包女士不好意思当其面再查问。

男子忙完后，表示可以将工作证留下，包女士看到其所示的工作证上有其一寸照片和他的名字。看到男子如此热情，包女士感到有些过意不去，遂拿出1000元进卡。当包女士向其索要收据时，男子声称最晚20时就将卡和收据送来，结果该男子一去不复返。

火眼金睛

现在骗子可谓无孔不入，借用网通、电信公司的名义招摇过市。由于人们对这些公司的信誉放心，成就了骗子行骗人之实的空隙。没见到东西就给钱，这是一般生意人很难想象的，尤其是面对一个陌生人，你更不必太过信任。钱是自己的，你不给，别人也拿不到，要想得实惠，也不怕耽误这一天呀！

电话也打持久战

陈先生突然收到一条信息，“恭喜您，您已自动获得活动抽奖资格”，然后信息后面提供了一个查询号码。

出于好奇，陈先生按信息提示，拨打了中奖查询电话。

电话拨通后传来的是全自动语音提示服务，首先播放近1分钟抽奖活动广告，接着按提示，从录入充值券编号、查询码、身份证号、联系电话资料，到最后公布中奖结果五个环节，都分别设有1分钟多的音乐等待。

为了防止数据输入错误，陈先生每个环节都全神贯注，小心翼翼地录入10位数字以上的字符串，在输入身份证号码时，陈先生连输5次，均提示“输入错误”，仅此环节就耗费7分钟通话时间，待一切完毕时，此次电话查询持续了35分钟。通话结果最终提示“很抱歉，你这次没中奖”。

这时陈先生才恍然大悟，于是前往电信分局打印了话费清单，话单上显示：声讯收费标准1元/分钟，再加基本话费5.4元/次，陈先生此次的中奖查询话费共花费40.4元。

火眼金睛

当前“中奖”信息多如牛毛，其实质往往是放出“中奖”诱饵，请君入瓮，然后再层层套取金钱。收到中奖信息时，要先了解中奖的缘由、奖品名细，领奖和费用，以及查询的话费标准等，再决定自己是否参与抽奖活动或回复电话查询。对于需要大费周折才能知晓中奖结果和预先付出费用才能获得奖品的中奖活动，消费者千万不要抱着“宁可信其有，不可信其无”的侥幸心理去尝试。

“公安”无故沾上你

正在外出差的胡某突然接到一个电话：“我们是市公安局的，3 天前在你所住宾馆附近发生一起杀人案，现场勘查发现你有重大作案嫌疑。”

胡某辩解：“我昨天才来这里，3 天前的事情和我有什么关系？”

对方不信，要求胡某提供家里及亲友的电话以供详查，胡某一一告诉了对方，该人又说：“为防串供，你必须马上关机，而且 24 小时内不许开机。”

虽说心里没鬼，但胡某当时也挺紧张的，就照办了。

关掉手机的胡某，不知道那边的骗子已经紧锣密鼓地忙开了。

第二天上午 9 点，胡某父亲家里的电话响了，一人称自己是市中心医院的大夫，“胡某遇车祸，现在我们医院抢救，家人必须立即汇 8000 元钱到某银行账户，不然医院将停止抢救。”胡父一听马上就急了，赶紧拨打儿子的手机，却联系不上。

因为怕汇款来不及，胡父给与儿子有业务关系的一家公司打电话，有关人员将此情况汇报给公司总经理，总经理说：“既然是我们的客户出事了，公司就应该负责协调。”于是马上指示有关人员带钱赶赴医院。 然而到医院转了一圈，却没有发现正在“抢救”的胡某，拨打其手机仍是关机。 而那边打给张父的电话一个又一个，问其是否将款汇出。 直至 12 点，胡某手机开通，骗术才被揭开。

火眼金睛

一些出门在外的旅客家属接到自称某某医院打来的电话，说其家人在列车上突发疾病，生命垂危，要其家属立即汇钱。听说亲人有难，有的家属不及细想就将钱如数汇出，结果中了骗子的圈套。骗子的骗术层出不穷，大家要多留个心眼，谨防上当受骗。

无缘无故中大奖

姚女士接到来自00852香港区号的电话，对方自称是香港一家电公司客户部的王主任，表示公司准备扩大在中国内地市场的投资，想在姚女士所在地区开家电连锁超市。为了解消费者的消费习惯，公司决定通过电话做些随机调查。

见对方说得真诚，张女士很有耐心地回答了对方诸如“你希望以抽奖方式提供优惠吗？”“你认同买大家电回赠小家电吗？”等问题。对方在电话里感谢一番后，询问了张女士的联系地址，表示公司不久将在姚女士所在地区搞活动，到时会发一份邀请函给张女士，随信会附赠一张价值500元的优惠卡，以后可在姚女士所在地区开张的连锁店使用。

过了几天，姚女士果然收到从香港寄来的邀请函。该函除邀请姚女士参加该公司的活动之外，确实附了一张500元的优惠卡。

当天下午，姚女士再次接到“王主任”的来电，说公司当天有抽奖活动，请她留意一下是否中奖。

第二天，“王主任”再次来电，称姚女士中了个大奖。

姚女士当时的第一反应是问他是真是假，并再三问是不是要汇钱。令姚女士意外的是，对方没有直接回答，而表示姚女士所在地区有5人中了大奖，公司会以银行本票的形式向她寄出奖金。接着，“王主任”表示需要姚女士提供身份证的号码，以便公司确认她不是员工的家属。

半信半疑下，姚女士将身份证号码告诉了对方，并留下了这家香港公司的电话、网址以及客户服务电话。挂断电话后，已经产生怀疑的姚女士，通过在香港的朋友，获悉该公司确实在搞这个活动，于是她开始相信自己碰到好运。

过了两天，姚女士接到一个自称刘小姐的电话通知，称审核已经通过，公司将提供25万港元作为奖金，并称赞助厂商已经为姚女士在香港恒生银行开了临时账户，账户号码是她的身份证号码，密码是她的生日，但由于是以本票形式支付的，因此需要姚女士缴付5万港元个人所得税到指定的账户。那名小姐说：“你可以先通过电话修改密码并查询余额，然后再缴所得税。”

刘小姐提供了一个 18 位的恒生银行客服电话，让姚女士先去修改密码。 姚女士拨打客服电话修改密码时，发现电话中的语音提示非常简单，不禁再次生疑：“里面是有中英文以及粤语供选择，但服务内容只有修改密码和查询余额。”心存怀疑的姚女士查询余额时，却发现账户上真的有 25 万港元。

查询完余额后，姚女士拨打该公司的客服电话，询问所得税为何不能直接从奖金中扣除时，“王主任”改口称，由于奖金是以本票形式发放的，可以先提供 5000 港元信用保证金给赞助商作为财务监管的资金，拿到 25 万港元奖金后，再支付剩余的 45000 港元所得税，但不能先行扣除。

越发怀疑的姚女士查到香港恒生银行的电话，咨询后得知，恒生银行的账号一般是 10 位数或 12 位数的，不可能是 18 位数的。 “香港银行的电话是 2 开头的，而我接到的电话是 6 和 9 开头的手机号码。”姚女士接着拨打了正宗的恒生银行电话，发现里面的选项繁多，远非密码修改和余额查询等几个简单的功能。 至此，她确信自己碰到了手段高明的骗子。

火眼金睛

遇事三思而后行，天上没有馅饼掉。凡是遇到这种说你中了多少钱的事情，不要自己先出钱还没问题，如果要你先打款到什么账号，巧借名目说是代缴税金或者采用一般百姓不懂的方式套你汇款的话，大家千万得多长个心眼，多和见多识广的人交流，因为任何中奖都可能是一个骗局。

移动联通退话费

“您好，这里是中国移动（联通）客户服务热线，由于我们工作失误，您的电话这几个月多收了 × ×元……”假如您的手机接到了这样的电话可千万别上当。

这些电话的诈骗程序如下：对方先采用先进的语音系统，模拟运营商的自动语音内容，使被骗手机用户在接听来电时先听到一段仿真语音通知，然后该语音指引用户按键转人工台。

此时，被骗用户会听到冒充运营商热线接线人员的声音：“您好！由于工作失误，您的电话这几个月多收了 × ×元……”然后该“接线员”会要求手机用户提供银行账号和密码以进行退费操作。

这些诈骗电话刚开始全部使用的是包括 001951211、001951101、001931201 等在内的标准国际长途来电号码，这样的号码既没有来电显示，也无法回拨，而且还无法主动录音取证，甚至连跟踪定位都不行。

火眼金睛

中国移动外呼号码会显示为 10086，中国联通外呼号码会显示为 10010，不可能有另外的号码。并且，运营商即便真的要退费，也根本不会要求用户提供银行卡密码。

狐假虎威吓唬人

黄先生于月底在工商局登记注册公司。不到一个月，就有一位自称“王小姐”的年轻女子打电话给他，自称是“司法局法制科”的工作人员。王小姐说：“按照规定，新企业负责人必须参加有关法制培训，课程安排在×日到×日，课程费为680元，上课地点在司法局二楼的大会议室。如果企业忙，也可以选择不参加课程班，但必须买一套法制教材，书费为580元。”

“王小姐”说话有板有眼，让人觉得很有道理，而且她的口气很严厉，一副不容商量的口气。上头的政府部门，一个小企业怎么敢得罪？虽心有不甘，黄先生还是一口答应。

放下电话后，黄先生越想越不对，这位“王小姐”怎么不用固定电话，而用手机来通知呢？一查，“王小姐”的电话竟然是外地的号码！这让黄先生更加怀疑“法制培训班”一事的真实性。经向其他朋友咨询才得知，很多新办企业的朋友也接到了这样的电话，有个朋友甚至上了当，已经买了一套书。

为了一查究竟，黄先生打电话到司法局反映情况。司法局的工作人员肯定地告诉黄先生，他是碰到骗子了。

黄先生对此事仍心存疑惑：“为什么我的情况她会那么清楚，但我却不知道她的一点儿底细？”黄先生自己的信息被泄露了，但是从哪里泄露的，自己并不知道。

火眼金睛

大部分骗子利用市民对政府机关工作的不熟悉，假冒相关机关工作人员乃至领导家属的身份，通过“报销发票”、“购买教材”、“帮人消灾”等手段，诈取钱财。为此，市民接到涉及收费的电话或来人，应及时打电话到相关部门核对查实，避免上当。

“拨号器”成“盗打器”

大家要小心上门推销的一种号称可以节约话费的“拨号器”，因为它可以轻松解开用户的电话密码，然后进行盗打。

一个名叫黄某的年轻人拿着“中国电信200电话业务登记表”到一所学校推销“预存300元赠送200元话费”的业务。

黄某说，如果办理该业务，将获赠一台价值60元的电话“智能拨号器”，每月可节约不少话费。学校里不少教职工信以为真，掏钱办理了该业务。

安装好电话“智能拨号器”后，一用户发现按照协议预存的500元话费到第二天只剩下445元了。在很少使用电话的情况下，一个月后话费仅剩142元。其他几位办理同一业务的同事都发现了类似情况。而此后安装“拨号器”的人却怎么也联系不上了。

火眼金睛

谨防不法分子打着“节省话费”的幌子，推销电话“拨号器”。电信部门从未授权过任何单位办理预存优惠的业务。不法商贩推销的“拨号器”实质上是电话“盗打器”，无论是手机还是座机，这种电话“拨号器”都可以轻松解开用户的电话密码。这种装置如果在公用IC卡等电话上安装后，可进行连接解密，然后就可以盗打电话。用户话费猛增可能就是因为电话安装“拨号器”后，电话卡密码被不法分子窃取盗打所致。

“出来考察掉队”计

有一帮人冒充是北大学生或者某某大学来本地考察，他们先是问到某某地方的路怎么走，然后说他们是某某大学的学生来考察，一不小心掉队了。

然后说借个电话打一打，然后电话里头另一骗子会叫你听电话，说谢谢你关照她的学生！ 然后以老师的口气来表扬你是个好同志，最后他说要向你借钱，到时一定会还的。 还要你登记你的联系方式和姓名，以求将来好还钱！ 如果你动了恻隐之心，那你的银子就流到了骗子的腰包。

火眼金睛

这类骗子往往还长得像模像样，摆出一副是未来国家栋梁的派头，诱使你慷慨解囊。遇到这样的情况，你可以介绍他到当地派出所，如果他坚持不去，那就一定是骗子，再理会他你就会吃亏了。

小心上门办长途优惠

有一男一女两人来到王女士家，穿着整齐的制服，佩戴着工作牌，手里拿着挺厚的材料，说是中国电信某分公司的工作人员，免费上门为居民办理明年优惠长途电话服务。他们说："现在国内长途电话是0.7元钱一分钟，明年还要再调整，现在我们上门登记，只要预存200元到1000元不等的话费，就可以在明年享受到0.3元一分钟的国内话费，相应的国际长途也有优惠。现在免费办，如果到营业厅办理就要收费了。"

王女士当时真动心了，钱拿出来后，突然想到还应该核实一下他们的身份，就给电信公司咨询部打了个电话，这才知道他们是骗子。

王女士是幸运的，而刘先生却被骗子骗去了500元钱。刘先生在家休息，也有两个人穿着整齐的制服上门来登记电话信息，然后说自己是电信公司的工作人员，为了和别的电话公司抢占长途电话市场，所以上门免费提供服务。刘先生看到他们的身上有咨询电话，就照着打了过去。里面一位服务人员很客气地说这里是电信公司咨询部门，上门为您办理长途电话业务的是公司的工作人员，然后又把上门的骗子说的话又说了一遍。刘先生一看确实是真的，想着自己长途也多，办了不吃亏，一下子就掏了500元钱。

火眼金睛

电信公司一般不会主动上门提供办理优惠服务，而且从来没有先交钱后提供服务的做法。这些骗子打着几家大的通讯公司的幌子，其实只是在利用IP卡的打折优惠来进行看似优惠的活动。我们遇到这种情况难辨真伪的时候，最好拨打权威的免费咨询电话，这样骗子的行径将暴露无遗。

第四篇

伸向邮件的黑手

——邮件骗术

信息社会，我们需要有辨别信息真伪的能力，若是良莠不分，吃亏的还是我们自己。

白领小心被忽悠

在外企工作的张先生收到一封国外发来的全英文 E－mail，内容大意是：恭喜张先生在全球 E－mail 抽奖活动中获得头奖，奖金几万欧元。张先生没有参加过国际抽奖活动，也没有和发邮件的该国外公司有过业务往来，因此，他认定这是个骗局，当即删除了邮件。

在此后的一个月里，张先生又陆续接到内容相似的全英文 E－mail，信中要求：请您尽快与我公司和支付现金的国外银行联系，以防过期无效。开始犹豫的张先生将付款银行名称和该公司名称输入搜索引擎，发现两家公司的官方网站都非常正规。因此，张先生半信半疑地回复了邮件，对方公司则立即通过邮件告知张先生：要想领取奖金只需在指定银行开户、提款。

为了进一步验证，张先生拨通了留在邮件里的越洋电话，对方用流利的英文告诉张先生开户流程，并称要先付 620 美元开户费。

张先生交付开户费后被提示“操作失败”。

他第二次拨通越洋电话，又被告知要交 2756 美元的转账费。张先生交完转账费后继续操作，电脑弹出“您未缴纳税金”的窗口。

张先生第三次拨通越洋电话后，又支付了 2181 美元办税。张先生本以为可以取钱了，却又被告知需要交纳近万美元的“滞纳金”。

此时，张先生再拨打越洋电话，对方不再接听。

火眼金睛

一封全英文的 E－mail、一部越洋电话、一个英文流利的“接待员”，外企白领很容易被上述“豪华”行骗阵容迷惑。骗子在茫茫人海中通过国外的一些对外贸易网站找到您的邮箱号码，然后发类似的中奖邮件给你，所以，你不要认为国外的奖是那么容易中的，权当一个发错了的邮件吧！

舍得“孩子”套住“狼”

小区内几十余户居民信箱中被人投放了夹带真币的信件，并称可汇款购买假币。

这些信件上没写收件人姓名，也没贴邮票，估计是有人直接投放在居民信箱里的。这些信封上写有“祝君致富”、“祝君发财”、“壹佰＝伍佰”等字样，信封内附有一张面值 5 元的真币和一张名片，上面写着“本处现有一批此样本伪钞，可过验钞机，各类面值齐全，有意者请来电，手机号码：×××”等字样。

李先生曾试着拨打名片上的电话，接线人说：“我们能提供如样本所示的伪钞，但首先要将相应款项汇入指定账户内。”

李先生说：“我怎么收到你们的伪钞呢？”

对方：“这个简单，只要你来电告诉我们你打了多少钱，然后说具体地址的邮箱号码，我们就有专人投递到你的邮箱。”

李先生将信将疑，决定试试。于是按照对方提供的账户，汇过去 500 元钱，然后马上打电话询问，对方说：“你是哪里的？请仔细核对一下账户，看看是不是有错？我们还没收到你的钱呢！”

等李先生再去银行查询，然后打电话给他们，电话已经打不通了。

火眼金睛

贩卖、购买假币都是违法行为，数额较大、情节严重的还将被追究刑事责任。而像这种卖家在外地，要求买家将钱直接打入账户的，十之八九是一种骗术，大家莫因一时贪念而上当受骗。

莫名其妙的遗产

小于一大早打开电子邮箱时，发现了一个用英文写成的邮件，不懂英文的他用翻译软件翻译成中文后他吓了一跳。

邮件说：“这个邮件希望引起你的注意。我再次通知你，你已被列为400万英磅遗产的受益人。我们是一家律师事务所，目的是完成委托人的意愿。遗产所有人没有书面遗嘱，我们遵照他的口头委托，按你的姓氏和身份联系到了你。希望我们相互信任，共同良好地完成他的遗嘱。你收到这个邮件后，请确认你是否愿意成为这笔遗产的受益人。如果你愿意，请如实填写你的联系方式和账户。这些资料将在我们所在的高等法院备案。企盼你的回复。罗提马。”

收到这个邮件，小于就请朋友查找了对方邮箱的注册地。他的朋友说，对方邮箱的注册地在英国，估计这个电子邮件就是从英国发过来的。小于心里想，在英国我并没有亲朋好友，“罗提马”怎么会按姓氏和身份联系到我呢？

第二天，张先生试探性地向“罗提马”回了一个电子邮件，在信中按对方的要求写上了自己的联系方式和一个账户。

很快，“罗提马”又发来一个电子邮件，里面写道：“你的邮件我们已收到。我们是通过遗产所有者提供的姓氏找到你的。遗产所有人已突然死亡。按我们所在国家的法律规定，遗产所有人突然死亡，没有立书面遗嘱的，可以由遗产所有人生前的委托律师事务所来分配遗产。你能得到这笔遗产是荣幸的，因为在英国之外你是唯一的遗产继承人。希望你能珍惜这次来之不易的机会。”

小于又向“罗提马”发去一个电子邮件，希望对方马上将遗产汇到自己的账户。结果，“罗提马”又来信说：“想分配这笔遗产，至少要先付给他们900英镑的手续费用……”

至此，小于不想再与其玩下去，他怀疑“罗提马”是一个骗子。

火眼金睛

类似这样的骗局并不稀罕，除了遗嘱诈骗之外，一些骗子还以转移大笔资金为诱饵发电子邮件来骗取财物。比如以非洲显贵的名义，称有一笔巨款，因变故必须转移出国，希望收件人能借账户一用，如果可以，收件人将获取30%以上的馈赠。在取得收件人信任后，骗子就向提供账户的公司或个人提出，先在他们的账号中打入多少美元的“手续费”。“手续费”汇出后，你就再也得不到对方的消息了。

老公成了别人的

“我的女朋友已经成了你老公的情人，要想获得他们的合影照片，请将4000元路费汇至我的银行账号里。”面对这样的“交易”，王小姐感叹：现在的骗子也真是“绝”了，想骗人钱财还挑拨别人家庭关系，大家千万不要上当受骗。

王小姐早上去车库取车时，突然发现车子前挡风玻璃下夹着一封信，打开信一看，内容让她吓了一跳。

原来，信中一男子称：“我的女朋友由于看上了你老公的钱财，成了你老公的情人，尽管我曾以自杀相威胁，女友还是誓不回头。为了揭发女友和她情人的秘密，我决定离开这里前以这种特殊的方式告知你。”信中还说：“只需你向我的账号里汇4000元证据费，你就可以获得我女友和你老公的合影照片、寻欢的时间、地点。如果你不愿意，你将没机会发现你老公的出轨行为。”

在这封没有称谓没有落款的信里还煞有介事地写上了银行账号、户名等。此外，信上面还留有一个手机号码和一个固定电话。

王小姐即按照上面提供的电话联系该“神秘”人，却发现手机号码是空号，固定电话长时间无人接听。经查询得知，该固定电话为电话亭里的IC卡电话。王小姐称，这种骗钱的方式太没有道德了。她和老公关系一直很好，老公从来就没有所谓的“出轨”行为。她老公也认为，这样的骗子确实是太搞笑了。

火眼金睛

夫妻关系的维持需要双方的信任，如果你疑神疑鬼，这就给骗子发展的空间，他们正是抓住大多数女人这方面的心理弱点，一步一步引诱她们上当。有时候不但上当受骗，还会引发家庭矛盾，造成夫妻之间的隔阂，大家还是小心为妙！

天上掉下大存折

蔡先生刚走进办公室时，看见桌上放着一个鼓鼓的信封，收信人写着蔡先生的名字，寄信方是福建省一家贸易公司。蔡先生想，这家公司的名称非常陌生，并非我接触的客户。蔡先生纳闷地撕开信封，一个大红色的存折掉了出来。

蔡先生当时吓了一跳——平生第一次收到寄存折的信件。打开以后，蔡先生被“存入”、“结余”栏的数字大吃一惊：35 万元。更加不可思议的是，户名栏上赫然写着蔡先生的名字。

随信有一张白纸黑字的中奖通知书，蔡先生的名字是打印上去的，信纸最上方用醒目的粗体标明：本活动全程由公证处跟踪监督，信的内容大概是“本公司回馈社会，与通信公司联合在全国手机用户中摇奖，您获得了该活动二等奖，奖金为 35 万元，现将存折邮寄给您，请尽快与我公司财务部联系，索取密码，办理取款手续”。除留下一部联系电话之外，通知书落款还有公司的大红印章。

蔡先生的第一反应是遇到骗子了，但手上这个一本通存折让蔡先生着实感觉奇怪。蔡先生拨打对方留下的公司电话，接电话的是一南方口音女子，称自己是该公司财务部主任，告知蔡先生必须先汇 7000 元的个人所得税，才能拿到取款密码。此人留下了一个银行账号。

蔡先生一听到对方要钱，就可以确定其骗子身份了。翻看信封时蔡先生发现，寄信日期是 10 月 31 日，存折上的开户日期却是 11 月 1 日。

骗术高明，但行骗者也有“粗心”的时候。蔡先生拿着自己的一本通存折与“35 万元存折”对比后发现，后者存折的外皮可能是真的，但比较旧，边缘已有磨损。里面纸面的花纹与自己的存折大致相似，但纸质明显薄而且脆。继续检验后，蔡先生确认这是个假存折——上面根本没有开户行的公章。

蔡先生毫不犹豫地将这本存折连同中奖通知书一起扯烂后扔进垃圾桶里。

火眼金睛

天上能掉下存折当然是好事，何况金额巨大呢？更何况名字都是自己的！这足够让人怦然心动。但是，我们不能被表面的假象冲昏了头脑，当大家在遇到这类“好事”时，至少要鉴别一下这“天上掉下来的巨款存折”是真是假，不要看到“貌似存折”的东西就不忍心丢掉。

高级轿车成“泡影”

郭先生和王先生，各自在当地接到以“香港罗蒙服饰（中国）有限公司天津分公司”的名义邮寄的中奖活动广告，广告上的刮奖彩票显示两人都“获得”了宝马轿车奖项。王先生在“中奖”后，及时通过本市有关部门进行查询，避免了上当受骗，而郭先生在“中奖”后却信以为真，为尽快得到汽车，他盲目地听从对方摆布，在不到半个月时间里，陆续给对方汇出税款和运费共计 45000 元，但等了半年也未见“中奖汽车”。

无独有偶，朱先生也曾接到“亿华珠宝国际集团（香港）有限公司”邮寄来的有奖广告宣传，内附一张“中国彩票发行中心”的刮奖彩票。朱先生刮开彩票一看，自己中了一辆奥迪 A6 轿车大奖，他急忙与兑奖单位取得了联系，对方告知：“中奖者应先交付 5600 元公证费，经过公证后再办理奖品领取手续。”朱先生认为中奖公证合情合理也比较保险，于是便将钱邮寄给对方，当时说好钱一到账就可提车，可近一个月都没有回音。他几次打电话催问，对方总是无人接听。朱先生这才通过有关部门进行查询，发现“中奖”是个骗局。

火眼金睛

汽车、珠宝等诱人大奖是不会从天而降的，这些奖项不过是骗子抛撒的诱饵，目的是用“奖品”来钓“中奖人”的钱财。消费者应保持清醒的头脑，对突如其来的诱惑加以分析，避免上当受骗。邮寄有奖广告活动一般都采用异地交叉设置骗局，使“兑奖热线”即当地的电话号码通过固话呼叫转移用手机来联系。另外所谓的“公证费”、“税费”或是“托运费”等，都需要通过邮寄或银行转账，骗子绝不与“中奖者”直接接触。因此，一旦收到邮寄的有奖彩票并且采取上述手段兑奖，肯定是陷阱。

小心中“银行邮件”的招

一个让普通人难辨真伪的邮箱地址——services@ cmbchina. com，假以“招商银行”的名义，套取银行卡账户信息。services@ cmbchina. com 绝不是招行使用的邮箱，此地址发出的均为诈骗邮件。

这封来自 services@ cmbchina. com 的邮件有如下话语：“招商银行安全监控系统提醒您：您的账号出现异常登录情况，为了保障您账号的安全，我们已经暂时冻结了您的账号，请在左边输入相应信息激活您的账号，方能正常使用。”

此外，该邮件还“提醒”说，出现这种现象的原因是“您的账号可能多次登录，密码验证不正确”或者“您的电脑中病毒了，密码可能已经泄露”。

此外，该诈骗邮件标明的网站 ICP 许可证号，与真的招行网站一模一样，连联系电话 800 - 820 - 5555 也是一样的。

很明显，这是一起利用网络诈骗银行卡账户信息的事件。不过，与以往不同的是，这次仿冒的招行“内部邮箱”具有更深的欺骗性。从邮箱后缀看，不知情的人士很难猜到这竟是不法分子伪造的邮箱地址。

仅从外表判断，“services@ cmbchina. com”极像招行的内部邮箱，注册须经银行技术信息部门的认证或授权，外部人士很难申请到。

招行在获悉上述状况后，已在其官方网站上发布了“特别申明”，重申并提醒：招行不会通过任何邮件或短信方式提请客户输入银行卡号、密码和身份证等相关信息。客户切莫在邮件或陌生网站上输入自己的银行卡信息及个人资料。如果已在伪冒邮件页面中输入了相关银行账户信息，要尽快在银行客服电话、营业网点或“一网通主站”修改密码或挂失换卡。

火眼金睛

仿冒特定的邮箱后缀发布虚假信息，这在技术上是可以做到的，而且，收件人一旦回信，其回复内容也会被准确无误地传递到仿冒邮箱中，但是，大家并不清楚仿冒邮箱的真实地址。这确实是很棘手的事情，除了银行及时发现，并配合公安部门打击这些网络黑客以外，我们也必须增强自身信息安全意识，不能轻易泄露自己的卡号、密码等信息，对来路不明的邮件、短信、电话等不予理睬。

恐吓信送到家门口

“……我只有一个月的生命了……没有取到钱，我就要报复你了……”一封恐吓信搁到秦女士家防盗门把手上。

秦女士的儿子在防盗门把手上发现一张叠成方块的信。

“你很幸运，因为你是我看不惯、有钱和大肆的人的其中一个。我要报复你，我需要至少1000块钱……你可以打110，但我告诉你，我可能只有一个月生命了，不信你到医院去查……明天中午12点之前没得到钱，我就要报复你了。”这些内容让秦女士和儿子吓得当晚几乎整夜未眠。 信上附有银行卡号。

小区属封闭式管理，但几天前门禁系统出现故障，估计投信人因此混进了居民楼。

调阅监控摄像，发现一个既不是业主也不是业主亲朋的男子，先后3次乘电梯前往秦女士所住楼层，最终投下恐吓信。

火眼金睛

恐吓信内容表明，恐吓者对收信人采取语言威胁和吹嘘生重病“双管齐下”方式，属于骗局中最恶劣的骗术——诈骗。大家若遇这类事情应当立即报警，配合警方查案。

无中生有骗货款

某日早上，像往常一样，韩先生打开邮箱，收发邮箱里的邮件。突然，一封来自台湾台南海天物资公司邮件，引起了他的兴趣。邮件里面介绍的是一家台湾驻厦门的公司，主要在国内经营手机、电脑配件、汽车等业务。正好最近韩先生与越南客户签订了一批手机出口业务。

于是，韩先生就拨通了邮件上面的电话，和这个名叫康利的人进行了交流："你好，康利吗？我是深圳的韩先生，我需要可设置越南文的英文手机。""是的，我是台湾台南海天物资公司的康利，你要的手机我们有，我们的产品全来自台湾，绝对保证质量。"康利将价格报给韩先生，并说每购五台将赠送一台。这样他们就在电话中初步达成了订购八十四台手机总价值约六万六千元的意向，并可以免去六千元的尾数，主要是考虑要和韩先生长期合作，将产品推向越南市场。不过，他们要求韩先生先付一部分预付款，以保证到时韩先生如果不要货的话，他可以当成路费以减少损失，韩先生想了想也觉得有理，就问他公司的账号，康利说他们是私人公司，汇款就汇到他们的财务经理的私人账号上。

韩先生先电汇了一千元人民币。第二天康利打电话说，款已收到，货将准时送到韩先生公司，并强调货到验收后付清全部款项。

收货日早上，韩先生打通了康利的电话，康利说："我们的人已经到了，就在你公司附近，我们的经理要和你通话。"韩先生说："好的，要不你到我公司来吧。"对方经理在电话里说："我们就在你的附近，因为考虑到这是走私的手机，我们到你的地盘上如果你不给我们钱怎么办？再说了，你只付了一千元我就送到你这儿，我们怕出什么意外。"

这位经理要求韩先生再向他的账上汇一万块钱，韩先生想，这是走私的手机啊，他当然怕出问题了，这种小心是对的，不过，韩先生还多了个心眼：要求康利能证明他在深圳。康利同意了，且康利要求韩先生将电汇单传真到深圳的电话号码上。"可能他真的已到了我这儿了，不然怎么会有本地固定电话呢？"韩先生想。于是，就又电汇了一万元到他的账号上并传真给他，不过，康利又来电说传真不清楚，要求韩先生传到福州的一个电话号码上，韩先生就又传真到福州。接到传真以后，康利来电话说：“我们需要到银行去查一下以证明你方是否电汇。”从早上九点一直到下午将近五点，康利又说没查到这笔款，要求明天早上再查，以确认是否将款汇入他的账号上，如果属实再见面成交。

就这样度过了一个夜晚，早上，韩先生打电话问他查到没有，康利说还没有，韩先生就告诉他，如果早上九点前不能成交就取消这笔业务。因为越南客户也等了一天了，肯定要向越方赔款。不到九点，康利打电话来了，说他们就在附近的酒店，现在可以成交了，问他是几号房，他秘而不宣，就问韩先生的体貌特征，过了几分钟韩先生就到了酒店，再打话给康利，岂知康利劈头就是一句：“钱是否带来了？”韩先生一愣，好半天才回过神来，“我现在需要见到你的人和货，我都没有看到你，已给了你一万多块钱了，你还不相信我？”然后，康利却说：“我们公司有规定，要求将余款全部汇入我的账号上，看到传真单才能和你见面成交。”韩先生告诉他：“这是不可能的，最起码你也得和我见一次，不然我怎么知道你是否在本地呢？”至此，韩刚才明白是遇上骗子了！

火眼金睛

无中生有术是骗子必用的骗术，不管是哪种骗局，总是少不了无中生有，比如这个骗局骗子先杜撰出“台湾台南海天物资公司”，然后骗取小额钱财后又装出他在被骗人所在地的假象，如用本地传真等，骗子抓住了韩先生已被迷惑的有利时机，叫他再次打款，幸亏韩先生的头脑还算清醒，没有再被迷惑下去，才不至于被骗取更多的钱。遇到这种情况，我们要尽可能了解对方的信息，辨明信息的真假，保持清醒头脑，才不至于被骗子制造的假象所迷惑。

刮刮奖张张有奖

顾先生收到一封来信。打开信封，里面掉出两张宣传单和一张广告彩票。刮开彩票和宣传单上的兑奖公告一对照，顾先生发现自己竟然中了二等奖，奖品是到香港和信集团有限公司福州分公司领取一张10.8万元的支票。

信以为真的顾先生立刻按照宣传单上留下的手机号打电话过去询问，对方询问了彩票标识和密码，证实顾先生已经中了二等奖，但领奖之前必须先汇1000元公证费。顾先生向对方所留账号汇去公证费后，对方又要求汇2160元汇支票的手续费，顾先生也照做了。没想到，对方收到钱后，又要求顾先生再汇2万多元到其账号上，说是交20%的个人所得税。这下顾先生觉得不对劲了，怎么对方的胃口越来越大？该不会是骗局吧？于是，顾先生打电话给对方，要求个人所得税从支票中扣除，自己只要扣除所得税后剩下的钱。对方说，按照公司的规定，顾先生的要求是不允许的，只能先交个人所得税后，才能得到10.8万元的支票。

顾先生知道上当了，于是要求对方把钱退回。对方在电话中答应退钱，但说现在公司比较忙，退钱要等到公司活动结束后。

后经查实，并无什么“香港和信集团福州分公司”。

火眼金睛

骗子给你一个套子，等着你钻踩进去，如果你能识别，套子永远套不到你，如果你心里只想着一夜暴富，怀着宁可试试看的心态，那你就慢慢入局了，接下来的是各种各样的手续费，然后你想着既然已经“投资”了，应该把奖金拿到手，于是继续“投资”，一步一步陷入骗子布置在前面的陷阱。

第五篇

伸向亲友的黑手

——传销骗术

幻想着一夜暴富的人实在太多，而站在金字塔尖的人又实在太少，所以，大家拼命往上面挤。

在家可以当老板

因轻信“在家创业”的高薪诱惑，登录网站并留下联系方式，随后便几次三番被所谓的“创业指导”骚扰。

张先生收到一份“在家创业”的传单，上面号称是一个“总价值450亿美元的网络营销行业”，可以自己在家当“老板”。因为好奇，他便登录了传单上留的网址，完成了注册，留下了自己的信箱和手机号。

不一会儿，他就接到了一个隐藏的号码打过来的电话，一名自称创业指导的男子跟他确认了注册信息后，给他用电子邮件的方式发过来一份“创业手册”，并留下一个链接，只能在三日内登录。

张先生点开了这个链接，按照对方提供的“代号”和“密码”进行登录，随后出来的网页先是将这套“在家创业”的模式鼓吹一番，号称让人在6个月到1年半以后每个月收入达到2000—20000元。最后出来的网页上，要他将90元钱汇到一个工商银行账户内，方可获得“训练工具”和“教材”。

张先生立即想到了类似的办假证的骗局。随后，张先生便关闭了网页，不理会这件事了。

谁知，接下来的两天，自称“创业指导”的那名男子又给张先生用隐藏号码的电话打了两次电话，催他迅速汇款，张先生都没有理睬。

张先生想在他们提供的网站上找地址和联系方式，但什么都没有，不得不怀疑这是个骗局。于是张先生在网上发帖子求助，一名网友以亲身经历告诉他，这套号称“美国在家创业系统”先用高薪吸引人，随后诱惑对方一次次购买工具、接受培训，去发展下线。该网友在历经8个月、投入10000多元后，却没有获得任何回报，最后发现是个骗局，其实就是网络传销。

随后的几天，“创业指导”依然缠着张先生，继续给他发送短信和电子邮件，张先生感觉到非常厌烦，同时后悔自己不该轻信天上掉馅饼，给自己惹来麻烦。

火眼金睛

网络是一个虚拟空间，非法传销者利用网络这一特征，借助高科技、电子商务等名义，遮人耳目，大搞“空手道”。从传销传统的实物产品发展为纯粹以发展会员获得奖金为目的，有些付费方式都是网上支付，完全“电子商务化”了。

陌生短信勿轻信

小汪接到一个陌生人发来的短信，称“××日产人才中心”网站上有××日产汽车公司的招聘消息。小汪急于找工作，就在网站上投了简历。但他没想到，此后发生的一系列事情，其实都是引诱他一步步走进传销窝点的陷阱……

小汪接到一陌生人发来的短信，称××日产汽车公司招聘汽车专业相关工作人员，待遇优厚。小汪是汽车制造专业毕业的，就在该公司网站上投了一份自己的简历。

一自称是该公司工作人员的男子通知他上网参加笔试，小汪在对方提供的网站上下载了试题，以电子邮件的方式将答案发给对方。不久，有人打电话告诉小汪笔试合格，让他在下午2点接受公司工作人员的口试，依据考试成绩决定他是否能够胜任工作。

果然，当日下午2点左右，小汪接到一女子打来的电话，对方告诉他已经通过了公司的应聘，如果愿意到公司上班，要在14日前到某培训基地接受培训，逾期将被视为弃权。小汪“受宠若惊”，眼看着好运即将降临到自己头上，他也没仔细考虑，马上购买了车票。

此时，沉浸在幸福中的小汪不知道，自己已经陷入了传销人员设下的圈套中。

小汪到了火车站，一自称××日产公司培训基地主任的男子前来迎接，将他带到培训基地宿舍楼。在楼上的房间里，小汪看到二十几个年轻人正在听课。培训基地主任说这些人都是参加培训的新员工。

第二天早上，培训基地主任来到小汪房间，叫他前去听课。在课堂上小汪发现，这里所讲的课程与汽车专业知识根本不相关，全都是销售方面的事情，周围人的脸上都是狂热的表情，小汪这才意识到自己落入传销组织的陷阱了。

想到这里，小汪马上要求离开。培训基地主任留给他两句话，一句是“做不做现在不能由你做主了”，另一句是“等你通过学习彻底了解了这个行业再做决定吧”。

接下来几天的学习过程中，小汪认识了几个与他谈得来的年轻人。他们中有大学讲师，有归国留学生，有研究生，还有退伍军人。和小

汪相同的是，这些人都是通过网络招聘被骗来的。

随后，不断有人动员小汪购买一种 3800 元的商品，以便成为该传销组织的会员，但每次小汪都表示拒绝。 多次拒绝以后，小汪被禁止外出，该组织一名男青年被派来专门监视他。

4 天后，看到小汪很坚决，怕闹出事来影响整个组织，该传销组织的头目派人把他送上了回家的火车，警告他不许将这边的事说出去。

事后，把整个事件串起来一琢磨，小汪才明白过来，最初发来陌生短信的其实就是传销人员，等他把自己的信息放在 × ×日产公司的网站上后，传销人员再给他打电话骗他参加考试，以 × ×日产公司的名义招聘他，最终把他骗去做传销。

火眼金睛

传销组织已开始通过网络、电话等方式行骗。为此，提醒大家在求职时一定要通过正规途径获取招聘信息，以免上当受骗。万一自己在不知不觉中陷入传销，请尽量寻找求救方式，可以拨打当地 110 或者通知亲属，避免发生不该发生的悲剧。

有财大家一起发

陈先生接到以前的同事张三的电话。张三告诉陈先生，他在河南经营水产生意，生意非常好做。只要五六千元的本金，如果经营得好，一年就能赚 10 万多元的利润，就算经营得不好，一年也有五六万元的收入。所以，他邀请陈先生去河南一起发财。

刚开始，陈先生对张三的话并不感兴趣，没有听从张三的建议——去河南“发财”。后来经不住张三说打下手就有月工资 3000 元（包吃住）的诱惑，陈先生还是决定去了。

陈先生刚在河南的汽车站下车，张三和一名温州人就已经等在那里了。张三告诉陈先生，温州人是带他入行做水产生意的前辈。吃完饭后，他们会把他带到住处，那里集中了 10 多名经营水产生意的客商。

陈先生在吃饭的时候及去住宿地的途中，张三和温州人的一些举动使他产生了怀疑。特别是快到宿舍的时候，温州人打的一个电话使陈先生起了疑心。温州人打电话告诉在宿舍的人，陈先生快到了，请所有人一起来迎接陈先生。那时陈先生就想：对我一个陌生人，这样的热情太奇怪了！回忆起电视上播放的传销新闻，陈先生突然发现，自己可能陷入了一个骗局。

在发现自己可能遭遇骗局之后，陈先生就在心中暗暗告诫自己，一定要在进入传销窝点之前逃出。因为一旦进去，他就可能失去人身自由。就在这个时候，陈先生发现前面有一家洗浴中心，于是，陈先生就对张三他们说：“天气太热，坐了一路车，我要洗个澡。”张三他们则劝陈先生可以到宿舍洗。不过，由于陈先生的坚持，他们还是同意了，并准备陪陈先生一起洗。就在他们脱衣服时，陈先生以买肥皂的借口走到外面。在出来以后，他就以百米冲刺的速度往外跑，并且马上乘坐出租车前往郑州。

为了保证自己的安全，在途中陈先生还换了一辆出租车。而面对张三途中不断打来的询问电话，陈先生一个也没接。回到家后，陈先生打电话质问张三为什么要骗他。张三说：“我的确不是做水产生意的。他们都是这样拉人的，如果刚开始就说明我们在干什么，被拉的人一定不会来。我虽然骗你，但是不会害你的，干这一行的确能赚很多钱。”

火眼金睛

当你接到邀约电话时，传销者会讲自己干得如何如何好，某某公司正招人，你要求他告诉你所说公司的名称、经营项目和电话号码，不愿留者即有疑点；若留下电话号码，你可以拨通对方所在地的114台查询有无此公司，或通过电话联系当地工商部门，查询有无此公司及该公司的经营范围。

传销者发展下线的目标是亲朋好友，俗语说得好：虎毒不食子。为何他们却频频在亲友中下手？其实，在传销者看来，这种行为根本不是欺骗，而是把发财机会留给亲朋，一起发财，“要不是亲戚朋友，一般人我还不介绍呢！”

墓穴也能被传销

一些外省市公墓单位租用大宾馆为办公地点，炒买炒卖、传销尚未建成的塔陵和骨灰存放格位。他们以招聘业务营销人员为名，以高额回扣或投资保值增值为诱饵，办所谓投资咨询培训班或称新闻发布会。

目前一些传销商，大都人为地设计或谎称国内著名塔陵、福位价格涨幅调查，给出骨灰存放格位涨价升值表，如 1999 年初 2800 元、2000 年初 5500 元、2001 年初 5950 元……还在传销宣传资料中，将购买骨灰公墓、骨灰存放格位与银行存款、债券、邮票、期货、黄金、房地产相比，自夸回报率最高可达到 300％，不存在贬值的可能性。然而，从物价部门批准的殡葬单位现行的骨灰存放格位价格看，每年最低的存放费只要 18 元，中档为 26 元，最高的也不过 87 元。按国家民政部规定每一存放周期最长为 20 年，同样的骨灰存放格位分别只需花费 360 元、520 元和 1740 元；如按国有土地使用期最长 70 年计算，也分别只需花费 1260 元、1820 元和 6090 元。况且传销的骨灰存放格位，每年还要收取上百元的管理费或其它费用。如果购买后真的是自己亲人使用，这些附加费用，再加路途费，花销极大，还有何保值增值的可能？

火眼金睛

依据民政部的有关规定，购买骨灰墓穴或骨灰存放格位必需凭当事人提供的安放者在殡仪馆火化的证明或骨灰存放证，经严格的销售登记制度，方可办理购买和使用，并取得规范合法的安葬安放手续，包括安放证和由市财政部门统一监制的殡葬服务专用收据，严禁销售活人墓或骨灰存放格位及建立家族墓、宗族墓、“寿穴”。

“网恋”原来是陷阱

小勇家住四川省，原在当地县城一家普通的私营企业打工。 和许许多多的同龄人一样，小勇既有对未知大千世界的无限憧憬，也有青春少年对甜美爱情的无限向往。

一个炎热的夏夜，小勇在 QQ 上认识了一个叫“激情一夏”的女孩。通过夜以继日的激情网聊，两人的感情逐渐升温，终至互称“老公”、“老婆”。 聊天中小勇得知女孩也是四川人，一直在沿海地区闯荡，进过多家企业工作，但总是不尽如人意。 “不过，”女孩话锋一转，“现在我终于找到一份非常非常满意的工作了，每月能拿四五千块钱呢！” “那是什么工作呀？ 我能干吗？” “这是秘密！ 不过，咱俩已经这样好了，你老在家拿那几百块钱工资也不是办法，你过来吧，我给你介绍，应该没问题的。”怀着早日见到“情人”的急切心理，更怀着改变命运、尽快致富的梦想，小勇拿着辛苦积攒的2000 元钱，踏上了列车。

几经辗转，小勇终于见到了自己的网上“情人”。 “女友”热情地接待了他，把他装着衣服与现金的行李收好，并对他说：“今后，你的衣服就由我洗了。”不过，小勇的喜悦很快就被冲散得一干二净：白天，“女友”总是带他听课，还说为了挣到大钱，让他再发展亲戚熟人到网上从事某“新加坡名牌”化妆品的推销工作。

渐渐地，小勇发现，自己的“女友”竟然同时和许多人网恋，与他同住一屋的 8 个小伙子中竟还有 2 个与她互称“老公”、“老婆”。 后来，小勇进一步得知，与“女友”一起的还有 10 多个年轻女孩，并且都是通过这种方式拉拢年轻男孩听课、搞传销，目前已发展到 60 余人，全部是外地青年，其中最小的男孩才 16 岁！

一阵辛酸和屈辱袭上心头，冷静下来的小勇意识到自己落入了以粉色爱情为诱饵的传销陷阱。 但他无论走到哪里，后面总跟着两个女孩，根本无法举报。 终于熬到了圣诞节中午，趁看管人员一时放松，他用身上仅剩的一元钱，给工商部门打了电话。

火眼金睛

误入传销,钱被塞进去了,那些人想熬着把钱弄回来,其实,想要回做传销被骗的钱比较困难。应该提醒大家的是,网恋别这么盲目,毕竟网络是虚幻的东西,没经过现实生活的接触,你们的感情从哪里来?另外,别轻信别人发财的说法,只有脚踏实地地工作,才能创造财富。

传销洗脑五步曲

(1)**火车站接人原则**

小赵的朋友打来电话，称重庆有个戴尔电脑展销会，会场需要人维护，为期10天，待遇颇为优厚。他还暗示小赵说，要和小赵干一番大事业。青春年少的小赵，总希望自己可以生活得更有激情一些，再加上对朋友的信任，就答应了。

到重庆后，小赵受到了朋友异乎寻常的热情接待。下午安排小赵游览了重庆的山水风光。晚上又开了个小小的PARTY，很多朋友在一起，喝茶聊天做游戏，整个屋子里充满了快乐。当时小赵由衷地感叹：这里真好啊！比学校生活有意思多了。

后来小赵才知道，所有这些，只不过是对新骗进来的人制造的假象而已。小赵的朋友其实只是这个传销组织中级别最低的“业务员”，“业务员”的工作就是负责把自己的同学和朋友骗过来。

(2)**灌输所谓“成功学”**

进入传销组织的第二天，小赵就开始接受“无微不至”的培训洗脑。第一次给小赵讲课的是一位矮矮胖胖的主任。他讲得很有激情，一下子就让小赵产生了改变自己现状的强烈欲望。

他结合社会实际和个人经历，分析影响成功的因素——环境、观念以及人性的弱点：怕、靠、懒、拖、面子等。他把现实中某些问题无限夸大，把过去的那个“我”全盘否定。但当时却让小赵和在场的每一个人都深受触动。

最后，他鼓动小赵，放下一切，马上行动，就能快速成功。于是乎，小赵的激情开始膨胀，准备干一番大事业。

(3)**以“直销”之形掩盖“传销”之实**

之后的几天里，小赵上了很多的培训课。他们在讲课时，从来不说自己是在搞传销，而是说在开展合法的直销。

有一次，一名“讲师”向小赵介绍了公司直销化妆品的方式。他说，如果你加入公司，交了3000元，以后在销售时拿18件一套的化妆品就不用再另外付费了。再以后，你就介绍别人加入组织，你介绍的人越多，工资升得越快，从几百元到几十万元不等。比如你介绍70个人进来，你的月收入达到几十万元可以说就易如反掌了。

巨大的经济利润对小赵来说，具有非常强的吸引力。再试想，如果你只投资3000元，在一年内成为百万富翁，你会不会动心？

(4)营造“磨砺意志”的假象

从第三天起小赵开始参加“晨练”活动。先是读书、背书，有人读《论语》《尚书》《楚辞》之类的古文，更多的人是大声读一些关于成功学、营销学方面的书。接着站5分钟的军姿，之后是开心一刻，每个人都要争先恐后地抢着讲一个笑话，目的是扫除前一天心中存在的阴影。最后是即兴演讲，目的是锻炼口才。

为了制造“磨砺意志”的假象，小赵他们吃菜不用买，每天安排人到菜市场拣，而且只能拣别人扔在地上的。新人来时所吃的“四菜一汤”，是由推荐人自己出的钱。在住的方面，男女同住在租的房间里，女的睡床铺，男的睡地板。

在那里面，没有个性，唯一的差异就是收入上的，而且如果你月薪没有达到几万元以前，哪怕你是一个月好几千元，照样睡地铺，吃米饭、炒萝卜丝。这种貌似平等的地位，也许更能激发受骗者干一番大事业的热情，吃着烂菜想暴富，今天睡地板，明天当老板。

(5)运用“ABC法则”进行“教育”

为了打消小赵思想上的顾虑，自愿地加入到传销组织里面，他们还加强对小赵的“思想工作”。他们按照“ABC法则”进行思想劝说，即A带B来了之后，A不能做B的思想工作，而是让C来做B的思想工作。A负责把C神化，C对B进行思想灌输。所有这些做法，目的只有一个，先告诉你社会上丑恶的一面，你在社会上四处碰壁，然后告诉你，“直销”将会是未来唯一的出路。一旦受骗，组织者就不失时机对他们进行“市场开拓培训”，直接叫他们骗同学、朋友来做“下线”。

火眼金睛

喜欢钱财，想要发财，这个梦想本身没有什么错，想要改变自己目前的生活状况，这个想法也很正确。但是，一定要注意这个改变自己生活现状的方式，那就是——要光明正大，不能干违法乱纪和违背良心的事情。要拿干干净净的钱，舒舒服服地花。

“远程教育”也传销

“坐在家里就可轻松赚钱，两个月就能成为百万富翁。”这是一家网络公司给会员的诱人承诺。

李先生在某新华书店购买电脑方面的书籍时，碰到了一名60多岁的妇女，她声称刚从美国回来，想搞一个远程教育网，正在寻找合作者。当她得知李先生精通电脑时，便立刻对李先生热情起来，并不断赞扬李先生知识广博，让李先生感觉碰到了“知音”。该妇女随后邀请他去听一节课，好让他有个初步印象。

李先生随她到达附近一宾馆，却发现没有所谓的讲学活动，这时又“意外”碰到张某，她声称是浙江音乐学院毕业的，现在正在搞网络远程教育，现在连她爱人也一同加入这个网络。她说，公司的初期是招收学员，提高公司品牌的知名度。明年利用这个品牌销售IT产品，后年开通网上商城，在全球建立配送中心，同期公司股票在美国本土上市，所有注册的公司会员都会从中得到更大的实惠。终身会费仅需要160美元（约1350元人民币），却可获惊人回报。

李先生说：“不知道合不合法？”

对方却富有“哲理”地告诉他：“合法的事情办不好也会成为非法，非法的事情办好了也会合法。”

培训资料上有极诱人的介绍：公司规定每个会员只能有两个区，一个左区一个右区，只要会员在左区和右区各推销一套课程，就可有获得公司奖金的资格。公司奖金分配有两种方式，一种是辅导奖金 200 元和团队奖金 600 元，然后由下面的会员“复制”新会员，业绩就可算在本人头上。发展的会员越多，营利越多，公司经过精确的推算，最多拿出利润的 70％分配，每个会员每周最高奖金 20 万。

但李先生却没有上当，他从有关媒体得知这家网络公司属非法传销，便向工商部门举报了该网络传销点。

火眼金睛

针对网络传销猖獗的情况，工商部门经过缜密的调查，也曾派出便衣去听课点听课，连 IP 地址都查得一清二楚，但由于他们都是持卡“营销”，没有办法查他们卡上的钱款数。目前国家还没有出台相关的法律，以至于让这些人钻了空子。但也并不是没有办法，一旦时机成熟，执法人员就会出击，让传销活动再也没有市场。

打一枪换一个洞口

刘先生得知一名在酒店工作的朋友正在搞网络电话的直销，而且赚了不少的钱。听了朋友的有关一番“事业前途”的话后，便决定要加入朋友所在的“慧缘”公司做会员。

刘先生的愿望很快实现了，成了“慧缘”公司的一名会员。当时，为了尽快实现“暴富”梦想，他共交了3000多元，因为虽然不同等级的会员都有发展下线的资格，但所交的会员费越多，每天提成的封顶就会越高。

然而让刘先生想不到的是，正当他紧锣密鼓地准备发展朋友为下线时，突然从“慧缘”公司总部所在地传来消息，公司因涉嫌传销被查了。就此，刘先生交的3000多元除打了两个月的“便宜”电话外，其余全打了水漂。

一方面网络电话是在还不成熟的情况下非法运营，从某种程度来说，占用了公共电信资源，损害了国家、企业的利益；另一方面是运营商为了躲避查处，经常是打一枪换个洞口，极大地损害了会员的利益。

火眼金睛

网络电话，其实就是IP语音通话或VIP电话业务，其目前在我国还处于“地下活动”形式，因此本身面临被合法电信运营商和政府有关部门给予通信限制和查处的风险，而对于“会员”来说，其预先存入的话费将有可能无法使用。至于其直销活动，曾被一些地方工商部门严厉打击，原因是涉嫌传销。鉴于此，大家还是不参与为好，小心不仅没有“暴富”，反而越陷越深走上违法犯罪的道路。

种金也能得金

种瓜能得瓜，种豆得豆，种金能得金吗？ 住在某地的人们经常听到有人推介“网上种金”钱来得快，也没啥风险，每天回利，今天投入1000 元，第二天就有 12 元，不拿的话越积越多。

于是，不少市民总共投入了 20 多万元，给某饮水机店的老板曾某，换成网上的虚拟货币。 该饮水店老板再将现金汇进上线老板梁某处，从他那里得到回扣。

不久，“网上种金”网页上更打出“好消息”：即日起投资，每日回报率为 1.7%，3 个月后就回本，一年后 1000 元变成 2400 元。

有一天，参与“网上种金”的市民突然发现，“网上种金”网页打不开了，无法看到自己账户上的余额。 饮水店老板曾某解释说，是因为受台湾地震影响，中国亚太区的会员收不到公司的回邮信息。

此时，公安部门发出勿信“网上种金”的预警，让大家慌了手脚。饮水店老板曾某表示，自己也是受害者，也投钱进去了。

“网上种金”完全是无任何产品，以网络为平台，吸引不熟悉网络的人上钩的赤裸裸的传销活动。 受骗的不少市民中，几乎都是不熟悉网络的中年男人和家庭妇女。

火眼金睛

犯罪嫌疑人正是利用了受害人喜欢立刻见到回报的心理，引诱更多事主上当受骗。大家一定要依法经营，通过正当渠道炒股、投资，不做非法投资，不能投机取巧。

第六篇

伸向职场的黑手

——招 聘 陷 阱

职场如战场，一点没错，当你落入骗子精心设置的陷阱时，那么职场就是屠宰场，我们的眼睛必须比雪更亮。

避开“星探”的探头

街头“星探”骗人早已不是新闻，为何还有那么多人上当？ 打着“发掘明星”的幌子，其实只是利用各种名目收取各种费用而已。

所谓“发掘明星”的广告公司很久以前就有了，但那时大多是骗点“拍摄费”而已，每次拍照的价格在300—600元不等。 现在又出现了行骗手法更恶劣的广告公司——它们大多是皮包公司，打着“招聘模特”的旗号，骗一笔“签约费”后立刻消失。 与此同时，也有一种合法注册的广告公司用相似的手段骗那些做着“明星梦”的人——这些公司手头确实有广告业务，但这些广告业务实际上只需要个别条件十分优秀的模特。 然而，广告公司却与大量的所谓“模特”签约，大部分签约者交了各种费用后就是漫长的等待，其实他们的钱已经“打了水漂”。

早期有些广告公司为了鼓励“星探”广纳人才，甚至会在“星探”累积了一定量的有效电话（能打通，确认人名）后就向他们支付一笔钱。 有了这样的利益刺激，“星探”们便想尽办法去寻找“猎物”，因为他们骗到的人越多，所得到的提成也就越多。 在“生意”最旺的时候，“星探”的提成在18%—30%之间，有的“星探”月收入高达几万元。

发展到现在，这些广告公司之间也形成了一个网络，它们将各自旗下“签约模特”的资料共享，只要你曾在其中一家广告公司拍过照或者签过约，“签约模特”的联系电话等很快就会流传到其他广告公司，“模特”们就会不断地接到各家公司打来的电话。 据了解，那些经常上当受骗或者比较有钱的“模特”就会在圈内格外引人注目，每家广告公司都想在这个“冤大头”身上捞一把。 如果“模特”们前往工商、公安等部门投诉，被投诉的公司就会以“尚在合约期内，广告业务正在接洽中”为由加以应付，投诉者以及有关部门都无可奈何。

在“星探公司”骗人的过程中，一些非法刊物起到了推波助澜的作用。大多数所谓的“星探”都会利用人们对媒体的信任，拿着某些“杂志”胡吹一番，说他带出来的艺员上了某某杂志，然后就出名了，接了多少多少广告，赚了好几十万……

其实这一类“星探公司”大多集中在两个摄影棚拍摄，“模特”的照片也大都刊登在同几家杂志，并没有对其发展起到作用。

火眼金睛

这些所谓的模特公司其实就是一种商业运作。在运作过程中，冒出了另有所图的人，也是必然现象。模特作为一种高收入的职业，令很多人向往。这种心理和其他受骗心理有着共同之处：花最小的力气赚最多的钱。人们在回过头来看骗子的骗术时，往往会发现他们的手段都十分低劣。但为啥老会有人上当呢？我们要反思、要警惕，应时刻记住：抬头做梦低头看路，天上绝不可能无端掉馅饼！

面试也可不见面

汪小姐和马小姐还在上学，她俩在逛街时，见一张招聘广告上写道：某店高薪聘请私人伴侣、公关小姐，底薪两万，广告上留着一个手机号码。她俩正好想趁暑假打工赚钱，于是决定一试。

当晚，汪小姐拨通招聘电话。对方称：对公关小姐的素质要求很高，首先要面试，看三围，还要核查身份证。双方约定次日上午 8 时 30 分，在某星级酒店一楼的咖啡厅“面试”。

汪小姐如约来到了咖啡厅，并按对方要求将身份证复印件放在了桌上。坐等 10 分钟，见无人理睬就回家了。

汪小姐再次与对方联系，对方声称已经看见她们了，觉得其条件还不错，只需把 600 元的服装费和手机费打到指定的账户上，就可立马上班。汪小姐到指定银行的账户上存了 600 元。汇款后刚走出银行大门，就有一辆面包车开到她的身边，一陌生男子在她耳边嘀咕了一句：“我就是那个人。”说着就把她拉上了车。

她还来不及作出反应，那男子又拿出一套衣服催她看看晚礼服是否合身，并要她自己准备凉鞋内衣。衣服还未看清，那男子急着又告诉她：“我们招公关，就是做色情的，晚上要接客。”

汪小姐凭直觉脱口而出：“不，我不做这个。”对方马上变脸道：“不做就下车。”说着就一把将其推下车。还没等她回过神来，面包车就跑了，前后不到两分钟。

火眼金睛

面试不见面试官，这样的点子亏他们想得出来，这样的事情真的很蹊跷。为什么那么赚钱还招不到人？想想就会发现端倪。没见到人就付钱，怨不得别人，还算幸运，要是不推你下车，把你给关起来，估计结果就惨了！

小心被骗“风险金”

小徐在一次招聘会上遇到一家包装材料厂，招聘方让他第二天到工厂办理手续。

次日，小徐和另外的 7 名应聘者一起来到了这家工厂。 在工厂，负责人在简单地对他们进行了面试后，便要他们签合同，并要求他们交纳风险抵押金。 根据应聘的岗位不同，交纳的抵押金的金额也不同，普通服务员交纳 300 元，保安 600 元，司机交纳 2000 元。 随后厂方通知应聘者第二天正式上班。

当小徐他们来到工厂准备上班的时候，厂方一负责人说：“实话跟你们说，我们这里根本没有工作，非要工作的话就到楼上捡筷子吧！上班也拿不到钱，你们应该明白这是怎么回事，以后找工作要擦亮眼睛！”小徐在楼上的一间不大的屋子里见到了一些散落在地上的方便筷子，根本没有他们事先所说的厂房和设备。 小徐被迫离开了那里，临走的时候，小徐要抵押金，遭到对方拒绝。

小徐他们再次索要抵押金，对方说：“你们现在不在工厂上班，是你们违约，所以这钱是不能给你们的，否则我可以告你们，到时候你们就得给我 1500 元的违约金。”

最终，几个应聘者扛着行李离开。

一部分不法之徒利用求职者心急的心态，设陷阱骗取应聘者钱财，他们往往是以丰厚的待遇做诱饵，在签订合同之前收取应聘者一定的风险抵押金，待合同签订之后，又以“合同需要暂时送到劳动部门备案”为由不提供合同给应聘者，之后再以恐吓的方式将应聘者赶走。 这类公司往往规模不大，但招聘工种挺多，面试的时候也并不对应聘者进行认真的考核，公司可能持有营业执照，但只是一个“皮包公司”，他们的目的并非经营，而是行骗。

火眼金睛

若要避免上当应当注意以下几点：首先，要选择正规的职业中介；其次，在签合同的时候一定要尽量弄清招聘公司、工厂的经营状况，看其是否有设备和厂房；第三，如果招聘方提出需交纳风险抵押金的话，要特别慎重，这一类企业极可能是骗子；第四，合同中要规定有一段试用期，这样的话，在试用期之内，如果出现意外，应聘者离开之后并不算违约；另外，除了在双方自愿的情况下，签署的劳务合同并不需要送往劳动部门备案，双方签字之后，该合同就生效，所以，那些提出合同需要送往劳动部门备案的企业，极有可能只是为了不让应聘者拿到合同。

骗子公司很狡猾，他们以各种名义骗取几百元的“小钱”，受骗者要报案却往往因案值太低不被受理。看来，如何填补法律上的空当，让不法之徒无机可乘，从而保障应聘者的权益，应当引起相关部门的关注。此外，现在人才类报刊、网站良莠不齐，部分招聘信息刊登不用收费，因此，众多求职者在应聘时一定要擦亮眼睛，慎之又慎，谨防骗局。

“打洋工”梦断他乡

农民韩某从小报的广告中看到一则信息：某公司正在招募赴以色列的建筑工，月薪500～600美元。根据这则小广告，韩某等38人找到该公司报了名。在后来的半年多时间里，韩某等人按照公司要求办理种种手续和交纳种种费用，先后在城乡来回往返多达20余次，但是为了实现出国梦，他们也顾不上计较了。

当韩某等人在该公司办理了各种手续，并每人向某公司交齐了5万8千元的费用后，某公司终于把韩某等人的出国手续办好了，几天后，韩某等人在该公司领队的带领下出发，坐上了出国打工的航班。然而，后来发生的事情却让这群朴实的农民傻了眼。

当飞机落地后，韩某等人诧异地发现，他们的落脚点不是以色列而是印度尼西亚。面对质询，领队说，在到达目的地前，先让大家游玩一下，开开眼界。此后，他们又飞到了泰国和香港，领队又采取同样的手段，带领这些打工者在那里又游玩了一番。让韩某等人始料不及的是，飞机最终竟从香港又回到了始发地！

该公司原来是一伙内外勾结，专门以各种手段为掩护搞偷渡的非法中介团伙。他们本打算暗地通过办理旅游签证，把韩某等人骗到国外，然后再由国外的同伙将韩某等人骗到当地老板那里去打黑工，只是由于国外同伙迟迟没有与当地雇主谈妥，才导致出现了韩某等人莫名其妙出国旅游的怪事。

火眼金睛

非法中介利用人们对国内外相关法律、法规和政策的不了解，欲到国外打洋工、挣大钱的心理，施展各种并不高明的骗术，导致大量淘金者上当受骗，梦断他乡，使他们及其家人在精神和经济上蒙受巨大损失。

别动不动就想出国

周小姐本打算通过非法中介实现其去马来西亚做按摩女的愿望，但聪明反被聪明误，等待她的是一场噩梦。

一年前，按摩小姐周某想到国外发展，由于到国外搞按摩是国家禁止的，因此，当她得知不太正规的某公司可以做这项业务时便悄悄赶去洽谈。该公司在收取了周小姐 3 万元人民币后，很快便与她签署了赴马来西亚的一家美容院做两年按摩工的合同，并为她办理了赴马来西亚的商务签证，当周小姐问起自己是去打工的，怎么手持的是商务护照时，该公司欺骗说，那是为了便于出境，与打工无干，到那边后我们会安排好的，周小姐信以为真。

几天后，周小姐顺利抵达马来西亚，就在她暗自折服于该公司的神通广大时，不幸也开始了。一天，同事在看到周某赴马的证件后不安地说，你怎么办理的不是工作签证而是商务签证呢？这可是非法打工行为，而且签证过期还不离境者就是非法滞留者，一旦被查获，根据马来西亚法律将被处以罚款和监禁。

周小姐知情后恐慌起来，就在她终日为自己的非法身份犯愁时，该公司在马来西亚的代理黄某找到她说，你只要交给我 21000 马币用于打通关节，我就可以帮你办成移民，这样你就可以立足马来西亚了。此刻的周小姐仿佛看到了希望，她轻信了黄某的话。按照要求，周小姐先后将 19000 元马币和 500 英磅交给了黄某，但万万没想到的是，黄某收钱后不但没有为她办成移民，反而继续以种种理由向周小姐要钱，周小姐终于对黄某绝望了，但当她强烈要求黄某退还所交款

项并送她回国时，黄某凶相毕露，他以移民虽没办成，但却为打点关系而亏空了不少为由，反而强迫周小姐还钱，当看到周小姐的确已身无分文时，黄某等人竟通过拳脚迫使周小姐去卖淫抵债。

此刻的周小姐不敢告官，她害怕暴露自己的非法身份而遭监禁，但又不堪忍受黄某等人的威逼和欺诈，在悲愤交加、走投无路的情况下，周小姐鼓起勇气走进了驻马使馆。

火眼金睛

在选择出国渠道时有些人往往表现得饥不择食甚至铤而走险，存在很强的侥幸心理，因此很容易掉入非法中介所设置的陷阱。周小姐的经历告诫人们，对非法中介抱有幻想，为他们的花言巧语所动而付出的代价是惨痛的。

“公关先生”不能惹

胡某在某菜市看了一张广告：“本四星级宾馆因业务发展需要，满足广大港、澳、台顾客需求，现向社会诚聘一批有志青年男女……合格即上岗（免报名费），月收入3万元。工作性质绝对保密，包食宿。联系电话×××，联系人林经理。”

胡家境贫寒，一直靠勤工俭学维持读书。这则广告令他怦然心动，当晚他拨通了广告上的电话。接电话的男子自称林经理，对方直言不讳地相告，所谓的“公关先生”就是做“鸭子”，专门为女客提供性服务。如果胡感兴趣，次日便可到市中心一家宾馆去找他。

第二日上午，胡鼓起勇气来到宾馆，林称自己暂时不宜露面，只能在暗处观察。他用电话遥控胡在大厅里行走几步，然后坐下。胡一一照办，林对他表示满意，随后介绍了待遇情况，每月底薪3000元，陪客一次提成1000元，包夜1800元。

林还称这份工作很特殊，宾馆要给男女公关人员专门提供一套标准间，应聘人员必须交纳1000元押金才能上岗。胡拿不出钱，提议用身份证作抵押，林没有答应。胡只好找朋友借了1000元，按照林的指示开了一个网银签约卡，将钱存了进去。

随后，林称要给胡介绍一个专门负责揽客的“刘部长”，因为以后发财全靠她，令胡给她打个498元的红包。胡又借了500元，存入林指定的银行卡内。

林再打来电话，告诉胡需交房门钥匙押金500元，晚上即可开始“工作”，胡又存入500元。后来，林又让胡先后存入服装费、保护费及“工作插队费”等近1000元。交完钱后，林告诉胡某，晚上等他的电话来宾馆报到。

胡好不容易等到晚上，林终于打来电话，语气慌张地称警方正在例行检查，所有公关男女晚上都暂停营业。那一刻，胡开始怀疑对方是个骗子，可他不愿意相信自己上当受骗了。那些钱全是借朋友的，两个月后一定要还，胡别无退路，仍巴望着赢得那份“高薪工作”。

次日，胡致电林经理，对方告诉他，必须再到医院做一个生殖器官增长术才可正式“上班”，手术费用全由宾馆负担。胡有些犹豫，放下电话到医院进行了咨询，得知手术于身体无害，便拨通林的手机表示同意手术。谁料林让他再存入手术材料费600元。

胡此时才觉醒，自己真正遇上骗子了！

火眼金睛

做什么不好，硬是要去做“公关先生”？这样来钱来得快？这种行为合法吗？这些都是一个问号。现在一些毕业生，眼高手低，工资低的不愿意干，工资高的又做不来，怎么办，几经周折后便想走“捷径”，于是乎，便执迷不悟地陷入骗子为你精心设置的局子中。

职位让你跌眼镜

陈君手拿招聘广告寻找职介所，一个陌生女子上前搭讪，并将她带到“为人民服务”职介所，一名男子热情地向她介绍：“我们给你找的工作是5000元的月薪，很适合你大学所学专业。”一番花言巧语过后，他向陈君索要800元手续费。

这时，画面上出现一个“托”，在“托”的精彩表演下，陈君将仅有的500元交给了这位男子。该男子开具介绍信，让她去单位面试。等陈君一走，该男子立即打电话通知“用人单位”：求职者上钩了。

陈君来到职介所推荐的公司，该公司经理以检验身份证为由，让她交了50元，然后吹嘘公司生意很火，让她明天来考试。

第二天，陈君一来，经理就拿出合同要她签字，称签字后就“可以上班了”。陈君很高兴，在经理的要求下，她又交了500元的“体检费”，但对方没有出具任何收费凭证。最后，经理叫她三天以后来上班。三天后，陈君来到该单位，经理让她去推销报纸。她觉得这与自己应聘的“副总经理”职位不符，就表示不悦。经理于是让她去外地的分公司上班。争执中，经理说：“你不干可以走！”陈君要求退钱，经理回答：“你签了合同的，白纸黑字，是你要走，拒不退款。”此时，几个“打手”模样者出现了，经理挥手让他们将求职者赶走。

火眼金睛

求职者不要轻易相信陌生人，来到职介所，应看清它是否有职业介绍许可证、税务登记证、收费许可证、市场登记证、营业执照等，如果没有，就要提高警惕。根据有关规定，用人单位招聘时，不得收取求职者任何形式的报名费、培训费、押金等。求职者应提高警惕，坚决拒交各种费用，即便交钱，也应索要收费凭证。

狼狈为奸应当心

冯小姐第一次找工。她被站在路边的广告员拉进了一家职介所。在前后缴纳了400元左右的费用后，她被职介所先后介绍给了10家用工单位，无一入职。而在这10家用工单位中，不少是与指定医院有私下交易的皮包公司。

冯小姐去一礼仪公司面试。一开始就是谈待遇，说定试用期月薪1200元，工作主要是为一些活动做礼仪小姐，冯小姐挺满意的。谈好这些，他们就马上要冯小姐去医院做一个110元的体检。因为又要交钱，冯小姐很担心被骗，但他们承诺体检完马上就可以上班。冯小姐问为什么做礼仪服务要体检，他们说因为会安排冯小姐住公司的宿舍，怕有传染病。

来到医院，冯小姐就被熟门熟路地带去体检。体检过程感觉还挺正规，照了X光、B超什么的，也没有说冯小姐有什么问题。体检后，当天就给了冯小姐结果报告。本以为第二天就能上班的冯小姐没想到，当她把这份指定医院开具的体检报告交回那家礼仪公司后，一切戛然而止了。他们看了报告，开始推托，一会儿说要这样一会儿又说要那样，反正就是不断让冯小姐回去等电话。可始终都没有电话，后来，冯小姐觉得自己上当了：去面试的办公室很小，什么都没有，每次就两个人坐在那里。

火眼金睛

有些皮包公司，通过“黑中介”，招揽一些求职者。他们口头上答应求职者只要到指定医院做个体检，合格后就可以上班。但其实暗中和医院有私下协议，按比例分掉这些体检费后，就会甩掉求职者。求职者在被中介和公司要去一笔高额的介绍费、保证金、押金后，还要多被骗掉一笔体检费。

“实习”原为敛财物

小杨是某学院大三的学生，和所有在校大学生一样，他希望能找份兼职，锻炼一下自己。在一番精心准备后，他上网到各人才网站发布了自己的简历。没想到简历发出还不到一个星期，小杨就收到了某公司发来的面试短信息——请到公司总部面试。原来虽然公司设在中山的办事处招人，但实习面试却统一安排在东莞总公司进行。在与公司电话联系后，放心不下的小杨又上网查看了一下该公司的网页，结果发现这家公司规模不错，实力雄厚。在与家人商量后，在接到短信的第二天，穿戴一新的小杨就满怀信心地踏上了面试之路。

在东莞下车后，小杨便根据网上提供的地址前往该公司。就在这时，奇怪的事情发生了，包括路人、司机、乘务员等均表示：莞城根本就没有一个他说的地方。就在小杨为寻路忙得焦头烂额之际，一自称“陈经理”的男人又三番四次地打电话来催促其赶快前来，说当天的“招聘现场”异常火爆，“再不来，就排不上面试的号啦！”

在小杨表明无法找到公司地址时，对方表示可以派公司的采购员前去接人，并详细询问了小杨的所在位置。不久，采购员果然来电，称可以利用手机彩信画出前往公司的线路图，并用短信发给小杨，遂问起了其手机的品牌、型号、是否能接收彩信等。

一听有人前来接应，喜出忘外的小杨赶紧有问必答，把自己的情况一一介绍给了对方。几分钟后，一男青年骑着摩托车找到小杨，小杨放心地坐上了摩托车……

车开了一会儿，采购员便好心地提醒小杨，背包背在后面不安全，最好放到前面。曾被“飞车党”抢过手机的小杨觉得他言之有理，就准备把包背到前面，但考虑到两个男的坐一辆带车尾箱的小型女式摩托车比较挤，他便把背包交给采购员放在了前面。

采购员告诉他，由于是顺便来接他，必须在完成采购任务后才能一起回公司，希望小杨不要介意。采购员还“善意”提醒他，应该给陈经理拨个电话，告知已经被接到了。小杨拨通了陈经理的电话，可陈经理却说有事要向采购员交待，请采购员接电话。就在他们通话的过程中，小杨的背包却被悄无声息地踢到了地上。

在接过小杨的电话后，采购员在拐角处停了车，并叫小杨下车去捡背包。哪想到，待小杨刚走下车，采购员就一加油门，“唔”地一声飞车而去，带着小杨的诺基亚3100彩屏手机转眼消失得无影无踪，还没来得及反应的小杨连摩托车车牌号码都没有看清楚……

当小杨垂头丧气地回到中山，把这次面试经验告诉同学时，还没等说完，同学就已猜到其被骗的情节。原来，早在几个月前，也有同学由于求职心切遭遇同样骗局。

更让小杨生气的是，当他拨通陈经理电话质问他为何设局骗手机时，对方竟回答：“你在说什么？我们从没有骗过人。要不你再来一次吧！”后来他还警告小杨，说话要小心，如果公司遭其诬告而造成任何声誉损失，将采取法律途径解决。

火眼金睛

工作当然要找，不过自己的随身物品还是要管理好，毕竟出门在外是单身一人，不要轻易相信陌生人。不要被表面的伪善迷惑，凡事小心翼翼，方能确保自己安然无事，希望大家在找工作的时候注意提防类似的“公司”骗局。

小心当了“活道具”

潘某在路上边走边看招工广告，这时，一个陌生男子走过来问：“你是不是找工作？”潘某说：“是。”这个男子就说：“我那刚好缺一个人，月工资 800 元，你愿不愿意做？”找工作心切的潘某当即答应。接着，陌生男子和潘某一起坐出租车去了一个二手摩托车市场。

陌生男子说：“我因迷于上网，前不久不慎丢了一辆摩托车，现在想再买一辆。”

到了二手摩托车市场后，陌生男子试了几辆车，但并没有成交。之后，他们一起去吃饭。

吃完后，他们又一起去看车，一名卖车的老板以为潘某和陌生男子是一起的，一边热情叫潘某坐在旁边，一边叫陌生男子去试车。

试车过程，车行老板问潘某是不是买车，潘某老老实实说：“我是去帮他做工的，今天上午才认识，老板叫什么名字我也不知道。”

没想到，陌生男子试车后再也没有回来，车行老板认为潘某与陌生男子是同伙，于是立即报警。

火眼金睛

借用招工名义，对求职心切者进行欺骗，同时把求职者当成“活道具”，欺骗第三方，这是骗子的行骗伎俩之一。求职者对突如其来的工作当然是比较激动，碍于情面，也不好在见面后马上追问对方公司情况、姓氏等问题，求职者对骗子的这种信赖成全了骗子骗人的诡计。所以我们求职的时候一定要经过正当途径，马路求职不可取，不要被别人卖了还在帮别人数钞票！

别被“干部”给蒙了

高某伪造市劳动局公章和一些招聘企业的公章，在一劳务市场设点招聘，专门招聘“储备干部”，并开出了“包吃包住、每月工资 1000 元”的条件。这个职务吸引了众多求职者的目光，仅 3 天时间，高某就招到了 20 多人，并将他们带到东莞的一些企业。

求职者到了东莞才知道上当了，原来企业的“储备干部”指标很少，一个工厂正常情况下不过一两个人，而且工资也不过六七百，与高某说的相差很大。

被骗到东莞企业的求职者，大多数是大专生。大专生找工作不易，他们大多没有专门的技术，当工人他们又觉得吃亏了，“储备干部”对他们很有吸引力。

以前劳动力市场的骗术常以交押金、服装费等为主，目前随着劳动力供求关系的改变，求职者有了更多选择的机会，很多人不愿外出打工，造成供求关系紧张。非法中介为了招到工人，便想出新招，信口开河开出“储备干部“这样的职务来欺骗求职者。

火眼金睛

对于正在找工作的毕业生来说，“储备干部”这个名头具有很大的吸引力，谁能想到，这个响当当的名头，竟是骗子赚取中介费的新招牌。“储备干部”是一个很虚的职务，也是一个很空的承诺，这个职务没有期限规定，1 年、2 年甚至 5 年、10 年，谁能耗得起？并且储备期间的待遇按照一般工人的工资标准。

黑心的试用期陷阱

试用期，原本是用人单位与劳动者建立劳动关系后，双方为了相互了解而协商约定的考察期限。“试用”是双向的，用人单位“试”劳动者，劳动者也“试”用人单位，谁不满意都可以说“拜拜”。只因劳动力市场供大于求，整体就业形势趋紧，致使试用期成了用人单位的专利。少数恶意企业主甚至把试用期设置成敲诈劳动者的陷阱，非法牟利的“黑心工具”。“试用陷阱”可谓形形色色，五花八门，无不让人震惊愤怒，不妨简述三例。

例一，某翻译中心，实则“夫妻店”，老公当老板，老婆做会计，聘用 5 名大学毕业生作翻译员。老板承诺试用 3 个月，试用期月薪 250 元（比当地最低工资的一半还低），试用期满正式录用，月工资不少于 3000 元。好诱人的高薪呐！5 个翻译员为了让老板满意，希望被正式录用，他们夜以继日地拼命工作，不停地为公司赚钱。在仅差 10 天就试用期满的时候，老板突然以“不适宜在本公司工作”为由，将 5 人全部辞退。然后又重招 5 名大学毕业生，又如法哄骗，临届试用期满前又悉数辞退，再招再辞，再辞再招，骗局连着骗局。

例二，某小服装加工厂，门前每天都挂着招聘缝纫技工广告牌，每天总有技工被招进和逐出。试用期 1 个月，没有工资，合格录用后月薪不低于 2000 元，也是高薪诱惑。不过，他们顶多做二十几天就会以不合格为由被撵走，两手空空离去。吵闹解决不了问题，打官司又不值，只能自认倒霉。

例三，某装潢公司，一试用工上班第 8 天出了工伤，左手被截去了 3 个指头。他找单位报销医疗费，单位说试用工不享受工伤保险待遇。

“试用陷阱”一般多发生在一些小型企业，“皮包公司”、“鬼火单位”。非法的恶意的“试用陷阱”为什么能够屡屡得逞？首先是我们求职者对国家现行的劳动法律法规不甚了解，一切都以企业经营者的说法为准，这是很危险的。

根据《劳动法》及其相关法规规定，试用期应包括在劳动合同期限之内，最长不得超过六个月。员工在试用期内享有报酬权，月薪不得低于当地最低工资标准。员工在试用期内出现工伤，同样享受国家规定的各种工伤保险待遇，因工伤丧失部分或全部劳动能力者，同样可以享受伤残补助待遇。即使有的老板不愿意与试用工签订劳动合同，事实劳动关系也同样受法律保护。劳动者明确了这些规定，也许就不大好蒙了。

火眼金睛

黑心老板的“试用陷阱”专逮求职心切的求职者，所以，我们的求职者，不管你的就业心情多么急迫，也要瞅准了地方再往里进。凡是不三不四的“草团子”，不明不白的“皮包公司”，躲躲闪闪的“鬼火单位”，十之八九都是骗子，不管他们的承诺多么漂亮动人，也不能沾。

上班需接受“魔鬼培训”

刘小姐想找一份工作，她来到一家名为天能地产的公司面试。公司面积不大，几名工作人员统一着装，看起来像模像样。刘小姐在交纳了30元报名费后，被告知回家等通知。当天下午，刘小姐便接到该公司电话，要她第二天去参加复试。

复试时，发下一张有几个问题的答卷，待刘小姐答完，公司的人就说刘小姐被录用了，并拿出一份聘用协议和一份培训推荐信，填妥后被告之，某日去某社区培训中心去进行岗前培训，培训费380元，并再三强调在交了培训费后，一定要把交费单据的号码立刻告知公司。聘用协议上承诺培训合格后给她每月底薪1500元，其他补600元。如此优厚的待遇，对于饱尝找工作之苦的刘小姐来说不失为一个喜讯，可事情的发展却并非如此。

3天的培训过后，刘小姐竟被告之没通过考试，要参加补考。在交纳了50元补考费后，老师说你把答案抄在卷子上就行了，考试就这样通过了。

拿着培训结业证的刘小姐来到了天能公司。该公司又安排刘小姐和其他也参加完培训的共18人到公司培训部培训，每人收费100元。

第一天他们被分配做项目调查，调查地点分布在全市各处，等大家奔波回来之后，考试就立刻进行。这回考试可是闭卷，而且非常严格，大家的成绩均不理想。

第二天，没有通过考试的人被告知作降级处理。降为业务代理的刘小姐，原先公司承诺的底薪和一切待遇也随之化为乌有。至此，同来的18人中，已经有6人无奈地退出了。而之后的考试就更荒唐，公司的人拿出一份空白的该市交通图让他们填写路名和立交桥的名称，来该市不久的刘小姐当然又没考过。

第三天，刘小姐已被降为业务秘书，被告知此职位无底薪，且必须完成公司的任务，如不能完成则无任何收入。至此，同来的18人没有一人能通过这种“魔鬼培训”，最终都黯然离开。

在整个求职过程中，刘小姐也不止一次的产生怀疑，但因为钱已经交了，让人欲罢不能，只好跟着骗子设计好的圈套一步步走下去。等到真正醒悟时，所有的证据和退出机会已经没有了。

火眼金睛

从刘小姐的遭遇不难看出，骗子们的伎俩极为高明，不再像过去那样直来直去，一点“技术含量”都没有。

首先，招聘过程极为正规。一板一眼毫不含糊，再许以高工资待遇，“三险一金”全有，急于找工作的求职者怎会不动心。

其次，骗钱手法隐秘。他们不直接收取培训费，而是让求职者将费用交到培训学校，给人的感觉是培训费与他们无关。可他们再三叮嘱刘小姐将交费单据的号码告知公司，就让人不得不怀疑培训学校和“招聘”公司双方要据此瓜分“利润”。

第三，设置一些“不可能完成的任务”，再进行“魔鬼培训”和每天一次的考试，让求职者自己知难而退，堪称手段高明，因为“走是你自己提出的，与本公司无关”。

第七篇

伸向学生的黑手

——招生陷阱

再穷不能穷学校，再苦不能苦孩子。偏偏有些人就打着孩子与学校之间的主意，我们不能不防！

专“钓”落榜生的点招

“没上重点线？没关系，交些钱重点大学就能‘点招’。”如此大话竟蒙住了诸多家长。所谓“点招”，是指高校在录取时指名要求录取某一学生，这是教育部明令禁止的做法。

“点招”的说法来自高校的招生调节计划，目的是尽可能录取更多的高分考生。各高校在各省市的调节计划都有严密的操作规程，对因增加调节计划录取的考生也有具体严格的要求和严密的录取程序，绝非花钱可以买来。

一直为儿子高考落榜发愁的成都市民李某听别人说，只要花几万元钱找人，就可以通过大学校方“点招”的方式直接上大学。

李某立即与自称某高校招生人员的刘某取得联系，双方见面谈得十分投机。

刘某信誓旦旦地保证：“本科3万，专科2万。只要按这个标价出钱，我立即回去打点关系，保证你儿子马上就读大学！”

当天，李某就向刘某支付了3万元的“捐资助学费”，为表达感激之情，她又额外送给刘某2000元。

此后，李某母子满怀希望地等待大学录取通知书的到来，可是直至新学期开学也不见录取通知书的踪影，此时方知上当，立即向警方报案。

火眼金睛

许多家长认为，孩子高考成绩不理想，到录取的时候找一些做“点招”项目的人，只要有钱就可以让孩子读上理想的大学。每到招生季节，有人高价叫卖“点招计划”，公开招低分考生。其实，这都是骗子骗钱的招术，教育主管部门一直倡导“阳光招生”，所以根本不存在内部指标这样的事情。

假教授真骗钱

高考前夕，在京工作的李先生接到江西老家亲人的电话，希望他能在北京找到关系，帮助老家的几名高三考生进京上大学。李先生通过朋友结识了清华大学的“王教授”。这位“王教授”40 多岁，一见面，他就给李先生看了自己的教授证书，并声称办上学的事肯定没问题，只要每个学生交上一万多块钱，就可以踏踏实实地等着北京这边的大学录取通知了。

高考结束后，“望子成龙”的 9 名江西考生家长赶到北京找到“王教授”，“王教授”让考生家长填写了他拿来的招生报名表，然后收取了 9 位家长的 11 万元“好处费”。

高考成绩出来后，给“王教授”交了钱的 9 名考生分数都在 500 分以上，有的考生还考出了 600 分的好成绩。但由于考生和家长都把希望寄托到了“王教授”身上，直到高考录取结束，交过钱的学生不但没有一个被北京的大学录取，还大都“流落”到了其他省份的三流大学，或者无奈地选择了复读。

“王教授”根本不是什么清华大学的教授，而只是家住在清华家属区的一名普通居民。王伪造了一个教师资格证书，把自己装扮成了清华大学“教授”。到其被公安机关抓获时，“王教授”收受9 名考生家长的 11 万元钱，均已被其挥霍。

火眼金睛

虽然在录取过程中存在或多或少的人为因素，但这只是其中的很小部分。上大学要靠自己的努力，千万不要听信一些别有用心的人的“美丽承诺”耽误了自己的前程。

“美丽馅饼”吃不得

一名自称“汤先生”的网民在百度网站里发了一个帖子，称“以华侨身份参加高考的学生是有分加的，有的大学还会对其降分录取，如果你觉得自己的成绩考理想大学有难度的话，走华侨生路线不失为一条好路子！”帖子上说，他们现在就可以给考生办理华侨身份考生，并且承诺：“只要是通过我办事处办理华侨身份的考生，保证你能上北京一类本科大学！”他还在该帖里留下QQ号码和电话号码。

汤先生的QQ网名叫“中国高校招生”。他们称自己是公司在北京的一家办事处，瞄准内地高招中华侨考生受优待的政策，为内地考生办理假的华侨身份后参加高考，以享受优待而顺利就读重点大学。他们的造假对象主要是学习成绩不好，考大学希望不大的学生。他还称“和教育部、公安部、外交部都有关系，因此操作起来很便利”。

如果办理华侨生身份的考生想上北大、清华等著名高校的话，费用要30至50万元。想上其它一类大学本科则相对便宜，要10至15万元。

家长为考生交完钱后，他们到次年2月可把相关手续办好，之后这些考生要到国外呆一段时间，之后再回国参加高考。

火眼金睛

专家称这种操作成功的可能性很小，虽然华侨考生在高招中可以享受到一定的优待，但是相关部门对华侨身份的考查相当严格，根本不存在做假的机会。家长切莫贪图便宜而毁了孩子的前程。如今的骗子在高招中招数迭出，他们承诺得天花乱坠，但是他们的目的就是骗钱，请广大家长一定要提高警惕。

以假也能乱真

为了能够使骗局显得更逼真，骗子们竟然在大学的办公楼内租办公室堂而皇之地进行招生诈骗活动，并利用伪造的入学协议承诺书，骗得学生家长钱财。

某民办高校的5名在校大学生，正在协商合作招生事宜。在准备过程中他们发现，如果能将招生办公室设在高校内，学生和家长就会容易相信。于是他们四处托人，最终在某高校的综合楼租到了一间办公室接待前来咨询的学生和家长。

在确定了办公室之后，几名诈骗人员进行了分工。他们让其中长相成熟者假扮某学院院长助理，每天在办公室接待前来咨询的学生家长。同时，利用自考生的入学通知书和伪造的入学协议承诺书进行诈骗。

几名学生家长来到该办公室向所谓“院长助理”进行咨询。“助理”当场向学生家长介绍了招生办法及毕业后所取得的文凭等情况，随后这些深信不疑的学生家长当场签订了协议，并将学费交与“院长助理”。

一天之后，学生家长准备索要学费的收据，却发现对方电话停机。找到校方核实情况时被告知，新生录取通知书及入学协议承诺书属于伪造。

火眼金睛

不法分子租用高校的办公室作为诈骗地，很容易让学生、家长产生错觉，因此，大家应对此保持警惕。同时，这些案件也暴露出了高校管理上的漏洞：高校有必要加强对办公和教学场地的管理，不能给不法分子以可乘之机。

当心“补充通知书”

就读于某师范大学附中的小弈顺利考取某大学，就在一家人高兴地收拾行装准备前往学校报名时，一份要求增缴费用的补充通知书突然飞到他们手里。小弈的母亲半信半疑地拨通该校校长办公室的电话，才得知这是一场骗局。

这份以大学后勤处名义寄出的补充通知书，要求学生缴纳3500元电脑代办费，而且还必须通过银行汇款，但是小弈收到的录取通知书上明确要求学生不要携带电脑去学校。于是，小奕的父母直接打电话到该大学校长办公室询问，对方告诉她根本没有此事。

这份“补充通知书”上以非常正规的语气提醒学生家长，可以将汇款回单和录取通知书一并拿到学校报到。

该校一名工作人员说，他们接到学生家长的问询电话后马上展开调查，确定无任何部门发出过这种信函。

火眼金睛

由于录取学生的名单和所在省份、学校都已在网上公布，行骗者很可能利用这些信息将“补充通知书”邮寄给学生的毕业学校，再由毕业学校转交，这种方式具有非常大的迷惑性，但只要学生或家长向录取学校咨询，就可以揭穿骗局。

抢手的内部名额

黄先生的亲戚杨某在一家运输公司开车，和他一起开车的张某来自绍兴，平时两人关系不错。杨某的大儿子今年参加高考，儿子能否考上好的大学成了他的一块心病。半年前，杨某无意间跟张某提起儿子考大学的事，没想到引起了张某的极大兴趣。“你为什么不早和我说，我一个亲戚在公安部有特殊关系，我的儿子刚刚从北京一所检察官学院转到某公安大学。”张某告诉他：“之所以把自己的儿子从某检察官学院转到某公安大学，是因为这所大学毕业后，不但工作不用愁，还可以很快分到房子和车子。”这让杨某十分动心。

张某还告诉杨某：“每年这样的内部指标都十分有限，如果想办理要趁早，最好是孩子高考成绩一出来就去跑关系。”

高考成绩揭晓，杨某的儿子只考了400多分。正当杨某夫妇一筹莫展时，张某“适时”打来电话。在询问有关情况后，张某表示一定会帮这个忙。接下来几天，杨某夫妇焦急地等待张某的消息。

杨某夫妇终于盼到张某的消息。“北京那边全讲好了，应该没什么问题，但要先交4万元钱。”张某告诉杨某夫妇，高考成绩一揭晓，前去托关系的人很多，没有4万元钱怕拿不下来。

听说要交4万元钱，杨某夫妇一下子犹豫了，因为家里没什么积蓄。见杨某夫妇有些犹豫，张某又开始游说。知道杨某家有两个儿子，张某承诺，杨某的大儿子今年花钱去上某公安大学，小儿子参加高考时，就不用再花这么多钱了。最后，见杨某夫妇有些动心，张某建议他们马上去找经济条件较好的亲戚黄先生借钱，因为再晚的话，好机会就错过了。

一大早，杨某夫妇匆匆来到黄先生家，让黄先生先拿4万元钱，说要马上到银行打到张某指定的账户内。“对方连学校名称都说不清楚，就先让打4万元钱，这样也太草率了吧。”黄先生从杨某夫妇口中得知，张某答应他们，钱打入后，对方就会把北京某公安大学的录取通知书寄出来，这更加重了他的疑惑。“全国各地高考提前录取都还没开始，他们怎么就能发出录取通知书？ 这显然是个骗局。”在黄先生的再三劝说下，杨某夫妇才半信半疑地打消了这个念头。

想不到张某十分恼火："拿你当朋友才把这么好的机会让给你们，早知道你是这种人，我也不用花费这么多心血了。"张某表示，以后杨某再为孩子考大学的事求他，他绝对不会再管。

火眼金睛

高校招生不会向考生收取与录取挂钩的任何费用，凡是有收取费用的应立刻举报。所有保送生、艺术特长生、自主选拔录取考生等等各种类型的享受加分政策的考生，录取后会在各省招办和高校的招生信息网上公示，不存在公布录取计划以外的所谓"内部名额"；对游离于国家招生体制外、未经省级招办办理录取手续而擅自招收入校的各类学生，一律不予学籍电子注册。

子虚乌有的“计划外招生”

一位落榜生小舟说，有人往他家中打电话，声称他已被上海外国语大学“计划外招生”录取，要求他带着学费前去报名。小舟于是咨询了上海外国语大学招生办，确定其可能为骗局，决定前去看个究竟。

小舟依照对方电话里提供的地址找到上海商业职业技术学院的虹桥校区。

“听说上外在此招生，怎么办理？”“跟我来。”门口保安将小舟引入办公室，办公室不足十平方米，墙上一行大字却赫然醒目：“上外、外贸学院名校专业正在招生。”小舟声称是“某某同学的哥哥”后，一位小姐热情地迎上来说：“我们都是上外招生部门的工作人员，您的弟弟可以免试到著名的大学学习。”

小舟问：“既然是上外的学生，是否在上外读书？”那小姐说：“不用啦，你家住在西南，就在这上学，不更方便？”她随手拿起一张课程表，标明每周一至周五所开的课程。课程表上还有一张“名师榜”，可所谓的“名师”却不见全名，比如，“名师查教师，上外副教授”。小舟又问：“学费多少？”对方说：“每年 7000 元。”这个学费标准已不低于正式的普通高校。学费还有“优惠政策”：学前付费，学费优惠 300 元；携友同来，学费优惠 300 元。

为考上名牌大学许多考生拚搏苦读，而在这个所谓“计划外招生”单位，进名校居然如此容易，而且，介绍另一人同来还能优惠，天下哪有这等好事？ 面对小舟的疑问，那名小姐取出一张名片：“这是我们主任，他一会儿来，你跟他谈。”名片写着：“上外自考西南教学点招生办主任，余某某。”

20 分钟后，一个外地人模样的年轻人走进来，他便是那位“余主任”。 小舟问：“你是上外的招生负责人？”他回答：“是啊。”小舟随即拨通手机：“我正和上海外国语大学招办主任通话，他说，上外招生部门内没有你这样一位人物。”余某某听罢，脸色突变，不得不说清了“计划外招生”的秘密：原来，这是设在此地的一个高校自学考试复习班，为招揽生意，打出了上外招生的牌子。

加入自考班，准备参加高校的自学考试，与招生是两回事。 而且，上外自己举办自考班，每年收费不过 4000 元，7000 元的学费属于“天价”。 这家办学机构为收取高额学费，还竟然谎称“计划外招生”，是一场完完全全的骗局。

火眼金睛

家长为让孩子上一个好学校，往往绞尽脑汁，这正为此类设局赢利的机构提供了机会。有关人士呼吁，当家长们听说什么“免考入学”之类的“好事”时，千万要当心，切莫上当。有关教育部门也应加大查处力度，给社会一个良好的求学环境。

虚假的招生宣传

家住沈阳的小云，高考结束后，在当地的一个民办高校招生会上第一次听说了 ××大学。她说是漂亮的招生简章最终让她决定选择这所大学："简章上说 ××大学是民办高校的鼻祖，是最早的，夸得可好了，简章上写得特别漂亮。"

××大学的招生简章和所有的宣传资料的确都写得让人怦然心动。它说，学校设在北京，在"亚洲最大的教育基地"东方大学城内，环境得天独厚，各种设施一应俱全。但是学生们入学的时候才发现，学校不在北京，不在东方大学城，而是在河北一个居民小区里。除硬件设施外，学生们最看重的师资也和当初宣传的大相径庭。

招生光盘是这样介绍该大学的师资力量的："××大学拥有一支来自北京大学、清华大学、人民大学、北京科技大学、航空航天大学、国际关系学院等著名高等学府的教授、专家、研究员、导师，80%以上具有副教授以上的职称，另有中国博士后联合会海外留学归来者加盟学校的管理和教学。"

法律系学生小莲说，当初选择这所学校，很大程度就是冲着那些老师来的。但是，事实上小莲他们也没有见过这些教授中的任何一位。不仅学生没见过这些老师，就连该大学分管教学的原副校长也说，招生简章上的所有外教、名师，他一个也没见过。

该大学原副校长说，学校的招生简章是专门请人编写的，招生简章上，子虚乌有、张冠李戴、夸大其词的地方比比皆是。比如医学专业，按照国家规定，该大学根本就没有开设医学专业的资格，可招生简章上却醒目地列出有医学院，结果几十个学生前来报名，给学校造成很大的被动局面。而且在招生简章上还有些专业的课程设置也莫名其妙。

该大学招生的时候，招生老师给每个人发了一份就业责任书，承诺拿到学历证书后给他们在北京安排工作，甚至还保证说如果学生毕业一年后学校没能安排工作，就退还学生所有的学费。在该大学的招生简章上，可以看到这样的字眼：学校和中国国际环保集团签订了20年用人协议，凭中国国际环保集团的证书可在全国环保系统就业。但是国家环保总局人事司证实说：“我们从来没有听说过这件事，我们也不知道有这个机构，各地的环保系统是根据其用人需要来招收应届毕业生的，不会也不可能根据某一机构的证书就来接收毕业生。”

大学虚假宣传的问题，其实是很多民办大学的通病，虚假宣传很多，我们不得不仔细辨认和提防。

火眼金睛

虚假宣传在民办学校诞生以来就存在，一些民办高校还刻意编造一些莫须有的诱人头衔，来包装自己。生源是民办高校的命脉，所以现在许多民办大学挖空心思编写招生简章包装自己，在这中间，大家你抄我的，我抄你的，夸大其词、弄虚作假像传染病一样传播开来。

上军校没那么简单

即将复员的现役女兵娟娟参加了高考，但分数没过线。娟娟的父亲通过朋友认识了一个姓齐的公司老总，他答应帮娟娟上军事院校。齐某一开口便要15万元活动费，娟娟的父亲咬牙先给了齐某8万元。

半个月后，齐某打电话称，某军事经济学院录取了娟娟，通知书已寄到娟娟服役的单位。随后又称“学校的录取通知书已被部队退回”，“学校直接派人去调档，但娟娟已经退伍，档案不在部队”。

娟娟父母当天就赶到娟娟服役的部队，可部队根本未收到录取通知书，也无人来调取档案。这一切都是齐某自编自导的一场骗局！

火眼金睛

当前，军校诈骗比较常见。骗子利用部队的保密性和考生家长对部队情况不了解，认为部队院校招生条件宽、自主权力大等，编织“绿色军营梦”，从而骗取钱财。一些骗子常以首长亲属、朋友身份自居，或自称高级军官，谎称手中握有某某军校、警校特长生、特招生的名额，保证不论考生成绩高低均可办理入学手续，在收受考生钱财后，溜之大吉。

不出国便能拿洋学位

招生学校宣称：“……课程设置与国际接轨，结合中国国情，教学模式与哈佛等名校同步，全部课程由清华、北大、人大及美国、香港、新加坡知名教授授课，并聘请国务院、中央党校、人事部知名人士联合主持专题讲座……”，最具诱惑力的就是：“不出中国便能留洋拿学位。”招生者并非中国本土高校，而是来自国外的大学，它们中95%以上来自美国，这些洋大学与中国的合作者合作招生。而这些在中国大肆招生的美国高校中，充斥着大量无本土教学场地、无师资、无教学经验的“三无学校”，以及未经过美国教育部认证机构认可的学校，业内人士称之为“野鸡大学”。在美国，注册一所大学可谓轻而易举：人员只需要三个博士、一个律师、一个美籍会计师，办公室有25平方米就可以。美国联邦政府和州政府根据注册学校是否获得美国教育部认证机构的评鉴来判断其教育质量，没有得到认证机构认可的大学在美国可以合法存在，但为了避免法律纠纷，此类学校在其宣传材料中都会作相应的说明，但该重要的说明内容在中国的招生宣传材料中却往往被删除。

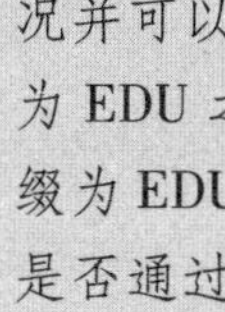

火眼金睛

识别此类骗局的方法是：1. 充分了解学校的注册时间、地址、联系人、在本地是否有学员和毕业生、是否有全职的教职员工等情况并可以向州政府及相关部门核实；2. 查证是否具有最后之后缀为EDU之网站，因“EDU”网站为美国教育部控管的网站，具备后缀为EDU之网站是一个美国大学起码和最低标准的标识；3. 查证是否通过美国教育部认可机构的评鉴；4. 当涉及到可颁发MBA、DBA资格的学校时，应落实该大学所在州的教育事务部是否对该大学出具了可以颁发MBA、DBA学位证书资格的证明。

频繁转学的孩子

张某曾经是中山财经职业技术学校的学生。

张某参加中考，成绩不太理想。 在父亲的一位朋友的介绍下，张某认识了某科技学院的“钟老师”。 “钟老师”动员张某去某科技学院读书，并告诉她，那是一所很好的学校，就业前景光明。

在“钟老师”的描述下，张家人动了心，张某随着“钟老师”入读该校。

入学不久的张某接到“钟老师”的电话，这次，钟给她推荐了一个“更好的学校“。

“你们这个科技学校其实有很多问题，管理不好，就业也差，我要去某财经职业技术学校当副校长，希望你跟着我一起过去。”

钟还给了张某很多许诺，如安排当班干部，毕业后推荐工作。 张某跟着“钟老师”到了某财经职业技术学校，重读一年级。

钟经常对张某嘘寒问暖，又因为是老乡，所以张某家人认为他是个好人、热心人。

不过，“钟老师”在某财经职业技术学校的工作并不愉快，五个月后，他离开了该校，并再次动员张某等三人离开，并开出“就读三个月

后发大专文凭，推荐去深圳工作”的优厚承诺。

钟某说：“我想到某国际经贸学校工作，你们和我一起去，国际经贸学校很好！”

不久，张某再次接到“钟老师”的电话，希望她转校。 他给张某提出的条件更加优厚：在某学院学三个月美术，每个月学费1200元，保证张某拿到大专文凭。

隐约感到蹊跷的张某没有答应他，而她的两个同学，一人选择辍学打工，另一个跟着“钟老师”转投他校。

“后来我才明白，他就是一个招生贩子。”张某说，“我庆幸自己当初的决定，没有被第三次‘贩卖’。”

火眼金睛

每年全国都有上百万初中毕业生，面临着严峻的择校问题。各类职业学校众多，选择哪所学校？学生与家长常无所适从。于是各种招生中介人物便抛头露面、粉墨登场。虽然不少学生和家长对招生骗术或多或少地有所了解，但骗子们层出不穷的骗术，却令善良的学生与家长们防不胜防。

公务员考试培训

一年一度的国家公务员考试俨然成为国考，一时间，“报考公务了吗？”“打算报哪个职位？”成为大学校园里的流行语。近年来，大学应届毕业生成为公务员考试的主力军，在有些学院，几乎发展到“无人不考”的地步。“公务员热”催生了培训经济，对于“赚钱风”愈演愈烈的公务员培训市场，考生又该如何识别？

（1）命题老师出来授课

目前，市面上的培训机构，多数打着公务员考试命题组的名义出版各种书籍，举办公务员考试辅导班。随手拿起一份公务员考试的宣传资料，名单上的教师都被称为“押题能手”、“首席专家”、“权威人士”，有的宣传单上还写着“曾多次参加公务员考试命题”“多次参与公务员考试阅卷”等宣传标语。

曾在公务员培训机构工作的黎某说：“办培训就要能吹。很多所谓的专家，只不过是大学里面请来的硕士生和博士生，让他们自己去考试还不一定能通过呢。”类似这样的骗局，其实认真分析也能识别，国家有规定，参加公务员考试命题的，5 年内不能出来。指望有命题老师来授课？不可能。

（2）“内部资料”货真价实

有不少培训机构通过卖辅导教材、音像制品等获得不菲的收入，资料几乎都标上“内部资料，禁止翻印”的字样。这些所谓的“内部资料”都是非法制作的，也没有到相关部门去备案，成本也就几元，却要学员以上百元来购买，而且当中还有不少答案出现错误。

人事部公务员管理司曾多次重申，中央机关及其直属机构的公务员招考不指定考试辅导用书，也从来不举办和授权或委托任何机构举办考试辅导培训班。

其实“内部资料”不过是些历年真题，以及一些申论范文，而“音像制品”不过是教师授课的 VCD。“在书店里买出版社印制的复习材料不过二三十元，而且纸张的质量还很好。我当时不想买，不过工作人员说这是规定要买的，老师要按照教材来授课。”参加过公务员考试培训的小文说。

(3)**公务员亲身讲解**

曾参加过公务员考试的贝贝说："上课确实很煽动，授课老师经常强调自己是参加过公务员考试，并被优先录用，还向大家描述公务员的待遇福利有多好，让我们热情高涨。仔细想想，如果真的是公务员，那他能从事盈利性的行业吗？如果可以，那公务员培训授课充其量只能算他的兼职，能有多专业啊？"

"还有个别老师讲课唠唠叨叨的，不懂装懂，公务员就这水平啊？我去年还报名了个1280元的培训班，就上6天的课，报名的时候真是头脑发热了，现在想起来真不值。而且按照正常人的思维，能说自己现在过得有多好多好吗？公务员也有公务员的苦吧。"贝贝说。

(4)**"保过班"真能包过**

目前，有一些培训机构打出"保过班"、"过关协议班"的王牌，协定如不通过就半额或全额退钱，让一些对价钱本来比较保守的考生也动心了。

从一个"过关协议班"的广告上看到："面试名师40学时全方位封闭式贴身面授，收费1万，保您面试过关，不过全额退费。"操作方式是："全封闭式训练，统一安排住宿（费用自理）。"

一位知情人士说："其实这些形形色色的保过班都是骗局，培训机构一般是在笔试成绩公布后，面试前开班，对象是通过笔试的考生。而现在公务员国考和省考笔试通过的比例一般是5：1和3：1，按比例算，就算授课老师什么也不讲，他们中也会有1/5或者1/3的人通过面试。再收学员一笔住宿费，算一算账还是有得赚。"

火眼金睛

公务员考试包括知识理论、语言表达、逻辑能力、心理素质、个人形象等多个方面，而这些素质并不是一时半会儿就能提高的。需求决定市场，公务员培训市场盛行，其原因是考生希望通过这种培训"走捷径"，很多考生本身基础并不扎实，因此想通过短期培训获得考试利益。而绝大多数考生是既浪费了时间又多花了钱，真正的利益获得者是那些培训机构。

第八篇

伸向无知的黑手

——装神弄鬼

当一个人开始相信鬼神的力量时，那么这个人离被骗就不远了。

赤手可以下油锅

街口出现一卖艺地摊，摊主鸣锣开张，表演气功。只见两年轻人抬上来一口大锅，锅中盛满了油，两人在锅底升起火，一会儿的工夫锅中的油就沸起来，摊主则手捧一把1元、5角面值不等的硬币，“哗”的一声投入到热油锅中，随后摊主脱掉上衣、半蹲身子，手在空中比划了几下，大喊了两声，把左手、右手分别伸入油锅中，将一枚枚硬币从油锅中捞起，那两个年轻人拿着帽子开始向围观市民收钱。

恰在此时，执法局工作人员巡视至此，便上前询问摊主：“为何当街摆摊？”“我们只想让大家开开眼界！”摊主一边叫嚷一边将热油不断抹到身上，执法人员暂时撤离现场。

第二天，一名执法人员着便装出现在看热闹的人群里，趁摊主不注意，迅速将准备好的温度计插入油锅中，油温竟只有37摄氏度。随后，执法人员也当众将手插入了油锅中，并对摊主说：“我也是练气功的……”

火眼金睛

油锅中并不都是油，而是酒与油的混合物，因为酒的比热大并且比油重，酒与油的混合物倒入锅中时，酒都沉入锅底，而油都飘浮在上面。当锅底生火时，加热的是酒，而油却没有被加热。由于酒精的比热大，加热后温度较低，人体可以适应，手伸入到锅底时酒只有40多摄氏度，上面的油只有37摄氏度左右。

鲜为人知的化学魔术

做活人表演出各种特异功能和法术，用来请仙、驱鬼、治病。这些法术不仅仅用来表演治病，还被秘密宗教用来显示“神功”以愚骗群众。这些“法术”主要有几种门子：“杀鬼见血”、“矾水显字”、“茶变墨水”、“下油锅”、“火烧符”、“吞碗片”以及其他各种小法术。门子虽然不多，但表演起来千变万化，例如“杀鬼见血”这一个门子，江湖上卖野药的视为秘不传人的诀窍，名叫小红袍，可以用于几十种骗局。下面逐个介绍这些江湖骗术。

(1)清水书符

巫师用新毛笔蘸清水在黄裱纸上画符，符立即变成红色。

方法：这里用的黄裱纸是用姜黄（中药）水染过的，清水实际是碱水，姜黄遇见碱就会变成血红色，秘密就在这里。

(2)杀鬼见血

巫师在病人房内烧香念咒作法，手持宝剑在空中乱舞，用“神仙一把抓”的方法从病人身上抓出疫鬼，扔在一个剪好的黄裱纸人身上，然后将宝剑蘸水后砍在纸人上，纸人立刻被砍出斑斑血迹。鬼被杀了，病也就算治好了。

方法：还是上面的门子，黄裱纸是姜黄纸，清水是碱水。

(3)祝由移疮

病人生有疔疮，巫医看后在墙上钉起一个黄裱纸人，然后开始念咒作法，将病人的疔疮虚抓起掷在纸人上，再喷上一口清水，纸人的一部位开始泛起红色。这时，巫医就说疔疮已经转到纸人上了。然后再作法，再喷一口水在纸人上，红色的疔疮又慢慢褪去。这时就说疮已被治好，人身上的疮也很快就会好了。

方法：黄裱纸人仍然是用姜黄纸剪的，另外准备出用碱浸泡的纸，晾干后剪成小片。在看清病人的疮的位置后，将碱水纸小片衬在纸人背后同一位置钉好。第一次喷水是清水，这时姜黄纸与碱水纸浸湿贴在一起就会泛出红色。第二次喷的不是清水，而是白矾水。碱水染红的黄纸遇矾后会褪色变成原来的黄色。

(4)气功发痧

这是江湖上卖草药的一种表演，“气功师”在街头上围观的人群中拉出一个人（可以是自己人，也可以是普通观众），说此人从气色上看有病毒疮，有性命之忧。为了济世救人，“气功师”可以免费用气功发痧。该人信以为真，就脱下上衣，露出背部，坐在（或趴在）凳子上。“气功师”在其背上喷上一口水，然后在半米左右的距离外运气发功，弹指虚抓。顿时，该人背上泛起血点并生成红晕。这时，“气功师”就说病毒已被发出，用手巾将其人背部抹干。然后开始卖药，说是有病去病，无病防病健身，病后调气养神。于是，围观者纷纷购买，“气功师”大发其财。

此法窍门是：“气功师”在受骗人的背上喷了一口碱水，然后在指甲内偷偷藏上姜黄粉末，在发功时弹到该人背上，姜黄遇碱就会变红，“痧”就这样发出了。

(5)卖金疮纸

街头卖艺人用刀拍打手臂或大腿，然后在刀口上喷水，用刀在臂或腿上割一下，立刻冒出血珠。这时艺人取一条黑色（或其他颜色）纸贴在伤口上，过一会儿再揭下纸来请观众看，伤口一点也没有了，连刀痕也没有。然后卖艺人开始向观众推销这种金疮纸，说是家庭必备。原来，卖艺人的手臂或大腿预先用姜黄水涂过，刀口上喷过碱水后砍在腿上就像“杀鬼见血”一样冒出血珠。纸是预先用白矾水浸过的，贴上去红色会立刻消失。

火眼金睛

祝由科是古代医术的一种流派，即祝说病由，不需用针灸或药来治病，是巫术治疗法。唐代太医署中设立咒禁科，到元明之际太医院设立十三科，祝由科是第十三科。后来传说有祝由十三法，因在湖南多有巫师使用此类方法，所以又名辰州法，其实多是简单的化学魔术。

神医也是骗人精

在某长途汽车站，赵某偶然碰见了在广东打工时认识的黄某，以及另一位姓王的青年妇女。一番寒暄后，黄某问他：“你还在外边打工吗？”赵某有点沮丧地回答说：“没有，没得事干。”“那我们去找点事来做嘛。”

三人经过一阵冥思苦想，终于找到了一条靠诈骗敛财的生财之道：由赵某冒充从西藏来的喇嘛，自称会行医，能祛病消灾；黄某和王某负责去找目标做媒子。骗术既定，三人毫不犹豫地立即分头行动，寻机作案。

此时正是上午8时许，退休在家的李大妈出门办事，刚走到菜市场下面，就被这伙骗子发现了。一番观察后，他们决定对李大妈下手。

黄某随即从后面追上李大妈，问道：“大妈，这附近是不是有一个中医，很著名，医治各种疑难杂症都很在行？”不等李大妈回答，黄某又絮絮叨叨地诉苦说：“我妈得了病，瘫痪了，身上都烂了，我专门来找这个中医的。”此时王某与赵某也悄悄地跟在后面，偷听黄某与李大妈谈话。李大妈对这个突然出现的黄某没有丝毫防范之心，她表示自己并不认识什么老中医。在与黄某的交谈中，李大妈毫不防备地将自己也有病，以及自己的姓名和家中的情况都告诉了黄某。

就在这时，悄悄跟在后面的王某突然走出来，热情地对二人介绍说：“你们要找的是那个喇嘛神医吧？我认识，他确实很在行。走嘛，我带你们去。”李大妈身体一直不好，一听说那个中医医术很高，便当即跟着她们一起走了。此时，一直躲在一旁偷听的赵某立即离开，赶到某街。没过多久，王某带着黄某与李大妈也来到了某街。王某指着正走在前面的赵某对二人说：“你们看，那就是能医病消灾的喇嘛神医。”说完王某就离开了。

“神医”与黄某、李大妈见面后，马上说出了李大妈的姓名，以及李大妈经常头痛等情况。“神医”的一番话，听得李大妈不禁连连点头，认定这个喇嘛的确很神奇。可她哪里想到，自己已经落入这伙骗子精心设计的圈套。

时机成熟，戏正式开演了。“神医”赵某见李大妈已对他深信不疑，便突然神秘地说：“老人家，你儿子三天之内有血灾，要出车祸。”李大妈急忙问：“那我该怎么办？”赵某说：“只要拿钱出来给我过一下手，就能消灾。完事后，这钱就全部还给你。”李大妈说：“我只有5000多块钱，可是都存在银行里了。”赵说：“你马上到银行去取出来。”见李大妈还戴着金耳环、金戒指、金项链、银手镯，赵某也叫其取下来交给他，随后赵某让黄某陪着李大妈去取钱，并一再告诫李大妈：“不能告诉任何人，钱要包紧，不能见光，要不然就不灵了。”

李大妈急急忙忙回到家中，拿出800元现金和压箱底的存折以及一些古币，连同金项链、戒指、耳环、银手镯一起包好，又急忙赶到农行取出了5000元现金，一起装进包里。不到半个小时，李大妈在黄某的陪同下回到某街，将装有现金、古币和首饰的包亲手交给“神医”赵某，赵某再次告诉她：“你放心，这些东西我是不会要的。下午2时左右你还到这儿来取回。”等到深信不疑的李大妈离去后，赵某立即找到同伙黄某与王某。三人随即变卖了金银首饰，连同5800元现金逃之夭夭。

火眼金睛

此类诈骗团伙一般选择60～80岁的老年女性为作案目标。因老年人思维不敏捷，有的有迷信思想，容易上当受骗。大家要克服迷信思想，不要轻信他人，不要将家庭信息轻易向外人透露，以免上当受骗。

探营“大师绝活”

自称“大师”的人经常表演一些惊人的“绝活”，以获取人们的信任。其实他们这些所谓的“绝活”用科学的道理来揭穿根本就一钱不值。

(1)玻璃吞下肚

口吞玻璃是许多“大师”经常表演的绝活之一。他们真的能吞下玻璃吗？其实大多数时候，他们吞下的根本不是玻璃或白瓷碗片，而是另外一种事先准备好的替代品：海螵蛸。这是在中药店就可买到的东西。“大师”们在摔碗之前，就将海螵蛸藏在手上，再装做从地上拾碎片时拿出来，观众一般很难发现其中有诈。

如果观众死死盯住，他也不怕真吞。因为正常人在食道、贲门、幽门、小肠、肛门等人体关隘，可以安然通过3 ~4 厘米的东西。气功师吞下的瓷碗碎片或玻璃碎片的直径一般在两厘米左右，而且选的是棱角不明显、圆乎乎的。当然，表演前要吃一些韭菜等纤维较长较多的东西，使吞下的碎片被裹的食道内，一般不会划伤肠道。

(2)刀砍不伤身

人们往往能看到“气功大师”用一把锋利的刀砍自己的身体，却不见损伤。其实表演用的刀只有刀尖部分是锋利的，其他部分则是钝的。接触气功师身体的是钝的部分，而且在表演时，看似重打，实则轻打。

(3)铁勺成“麻花”

“意念弯勺”最早是以色列魔术师尤拉·盖勒在欧美、日本表演的节目，后来传到了中国，于是有“中国超人”便有了这种能力。

一个勺子用力反复弯曲几次，因金属疲劳，应力集中，此处就软了，再折成九十度的直角，不用太大的力，便可成功地将勺子拧成麻花状，这是因为力距加大的缘故。其实掌握了原理，每一个普通人都能把勺子变弯。

(4)药片抖出来

抖药片也是一些“大师”们的绝活。其实他们在事先就将药片取出若干，再用打火机熔蜡封好药瓶，这样观众不易发现。

表演时，他们假装从几个药瓶中随意选一个，其实找的正是这个事先加工过的药瓶。事先取出的药片藏在表演者的身上，在左手抖攥药瓶“发功”，准备将药片抖出来之前，需要将药片拿在左手上，由于药瓶挡着，左手并不张开，所以不会被发现。

(5)吃木炭无危险

“大师”们吃木炭，首先要选最轻的木头，且要有点糟才好。二是要进行加工，不烧透才行，否则一见火，上次没燃尽的部分又烧起来，温度太高就无法表演了。烧过头了也不行，发白不见红，演出效果不好。烧好的炭要迅速放入水中，拿出来不得暴晒，以防龟裂。只有在加入炉中的炭是湿的情况下，才经得住炉火烧，否则，立刻化为灰烬就没得吃了。三是胆大心细，舌头上尽可能多攒点唾液，放入口中的那一瞬间，上腭与舌及牙齿一齐开动，越突然越用力越好，顷刻外红内黑、外热内冷的火炭抿成碎末。若试探试探，用舌尖一舔，非失败不可。

(6)意念能拨表

意念能拨表的操作要领主要有：一是要事先盯住拿表人的手，确切知道表柄在什么地方；二是下手动作要快；三是捻表时间不宜在刚开始时，因为拿表人这时候的注意力集中；四是捻这表后不要马上说话，要装模作样地摇、摸、挖、拍折腾一会儿，诱使观众产生感觉。意念能拨表基本上是魔术师眼疾手快的活儿，并不神奇。

火眼金睛

大师们的绝活经常在不少表演中出现，够刺激，够神奇，够激动人心的，我们半信半疑，真有这回事吗？什么事情都有科学依据，当我们掌握了其中的奥妙，我们也可以做“大师”了！遇到这样的事情，我们权当娱乐娱乐，不要被他们的表象给欺骗了！

“尼姑”如此“有缘”

小刘到建行交电话费，不料银行称“系统故障”交不了。在银行门口前，小刘正寻思到最近距离的交费地点时，迎面走来一名20多岁的“尼姑”，单掌施礼称小刘“与佛有缘”，要向小刘赠送一幅观世音菩萨像。随后，她还拿出一本证书，称自己是从普陀山下来的，她一眼便看出小刘“有慧根”。见小刘旁的朋友忍不住“扑哧”一笑，她遂对小刘正色道：“若不是和佛有缘，想花钱要观音像我还不愿给呢。”

小刘接过她的证书一看，里面印章、相片俱全，各种清规戒律印了好几页纸。该“尼姑”又拿出一张名片和一小幅观世音菩萨像，说小刘只要接过观世音菩萨像，并在她的功德簿上写上自己的名字即可。只见这张名片上，不但同样印满了戒律，而且还注明持此名片到普陀山，可免费吃3天的斋宴。小刘说以后若有机会再去普陀山找她时，她突然生气了，一把夺过小刘手里的那张名片，说：“你不诚心就不要挡我的道，我还忙着呢。”当天下午小刘从建设银行门口出来，又碰到一位“化缘”的“尼姑”。小刘称自己身上没有零钱，不好意思空手拿她相赠的佛像，该尼姑便指责小刘说：“受赠佛像的人，大多数人都布施三五百元。我们是寻找有缘的人赠送佛像，零钱是买不到的。”说着，她也忿忿地走了。

火眼金睛

现在有些骗子守在银行附近，冒充“出家人”向进出银行的储户“化缘”，有不少人上了当。“尼姑”大多选择年轻女子行骗：一是年轻女子被纠缠得不耐烦时，碍于情面会掏钱；二是年轻女子往往出手较大方。中国佛教协会明令僧尼化缘不能出寺门。因此，市民在街上遇到如此“化缘”的“僧尼”，大可不予理会。

网络算命不可信

张小姐是在写字楼工作的白领，最近正在和男朋友闹分手，同事不赞成她的举动，“那么体贴的男朋友上哪找去？ 你再考虑考虑。”虽然大家极力劝阻，但张小姐并不为所动，她给出的答案是：“我在网上算过了，我们俩性格不合，即使现在不分开，将来也不会有什么好结果，网上算命很准的，我有好几个朋友都这么说！”

在互联网上，只要在搜索地址栏里随便输入“算命”两个字，便能搜索到成百上千个网站。

一些学生甚至白领阶层对其深信不疑，谈恋爱要到网上算一算、工作变化要到网上算一算、选手机号码要到网上算一算、就连名字也要到网上“检查”一下是吉是凶，如果出现“凶兆”，马上“改头换面”。

“凡在本店购买 1000 元以上风水产品，本中心大师即可成为你的风水顾问。”这是在一个算命网站上看到的，这个网站除了囊括所有可以拿来算的项目，还附加了许多业务，例如为公司、企业和个人谋营策划；提供网上易学知识讲座；出售水晶、玉类吉祥产品等开光饰物，加入会员后，可以享受会员“独享”的优惠价，如果你够“幸运”，还可以得到返还现金的奖励。

从事网络工作 6 年之久的李先生说，其实这些算命网站都是骗人的，拿出任何一个网站，他都能够推算出其使用的程序。李先生说，即使在姓名栏中输入的内容不同，但只要生日时辰相同或处在同一阶段，网页上显示出的内容就是相同的。

例如，网络上测算的星座和生辰八字，随便从书上就能找到类似或相同的说法；命理和

寿终测算可以从万年历中找到相同的答案；名字的五行是根据固定的算式测算，然后总结规律体现出来，不懂的人很容易信以为真。

对于算命网站公开销售转运产品等情况，这也就是网站为牟利而采取的手段之一。

火眼金睛

这些算命网站的程序基本都是固定的,制作网站的人只不过是把书本上的内容照抄照搬到网络上,根本没有任何根据。算命网站大部分都是娱乐性质的,不可信。还有一些网站通过辅助措施搞变相收费或出售相关产品,达到赢利目的!

边演出边卖药

黄昏市集，出现一男一女摆起神坛斗法，女助手先烧香膜拜，嘴里念念有词：“先生先判，后生后判。”对着观众说要请天兵天降下凡来。 女助手说得天花乱坠时，穿着道士服的男子登场，一开始先点火烧纸钱，又拿黑令旗施法，故弄玄虚，旁人看得一头雾水。

男子接着搬出一个大黑瓮，反复翻转，证明里头空无一物，然后把准备好的活生生大公鸡连着黑瓮全部塞到神坛下方，拿起黑布一盖。神奇的事来了，男子居然从黑瓮内，把公鸡的头给拉出来，旁人纳闷黑瓮的开口这么小，怎么有办法塞进一整只鸡，男子声称都是神坛内的这三个小纸人显神威，有旁人看了啧啧称奇拍手叫好。

男子趁势拿出好几大罐药品，吹嘘药品有神力加持，可治百病，不少人掏出钱包购买，但这样的神力，在魔术师眼里都是很简单的，表演魔术的道具一般都是有机关的，里面有夹层，透过夹层，用其它东西遮一下，一秒钟两秒钟瞬间就让物品进去。

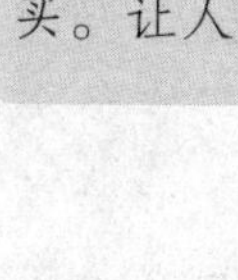

火眼金睛

魔术师认为，黑布只是障眼法，他们鼓吹的神力根本就是胡扯，但靠着这样的戏法，却能让围观的群众主动掏出大把钞票购买。让人感到担忧的是，这些药品本身都没有合格标识。

和尚也出来卖药

街头来了一伙男子，他们自称是来自河南少林寺的和尚，受少林寺派遣来治病救人，引来了不少市民围观。经过一番吹嘘后，和尚们便开始向围观群众兜售一种自称是少林寺自制的包治百病的“灵丹妙药”，可是市民们并不太买他们的账。一名身穿僧衣的中年男子为了证实所售药物并非假货，表演起了据说是在少林寺学来的神功。

这名男子先从围观群众中找了一名中年妇女，左右打量后，认定此人患有严重的肩周炎。听了和尚振振有词的诊断后，中年妇女露出了将信将疑的神情。看见中年妇女即将上钩，和尚又说要用少林神功为这名妇女免费治疗。

说完，中年和尚蹲起马步，摩拳擦掌地操练起来。他先冲掌心吹了一口气，然后紧闭双眼，双手合十，用力地摩擦起来，不一会儿的工夫，他的手中冒出了缕缕白烟。随后，和尚又把双手捂在那名妇女的肩膀上，询问是不是有发烫的感觉，妇女称是。和尚的神功吊足了大伙的胃口，他们对“大师”兜售的“灵丹妙药”深信不疑起来，不少人纷纷解囊。

火眼金睛

这个骗局类似卖狗皮膏药的翻版，我们想想，如果有这么好的功夫，能治这么多病，为什么没有去医院治病救人？有必要在街头卖艺赚钱吗？其实，假和尚在表演前，事先在手指间夹了一块东西，当他摩擦手掌的时候，手指间的东西便开始自燃，那东西是白磷，由于磷的燃点很低，经过摩擦后，便发生了物理反应，很多不懂物理常识的群众就这样被蒙蔽了。

第九篇

伸向消费的黑手

——购物陷阱

消费应该是花钱买轻松的事儿，没想到现在的消费很多是花钱买气受。

“网络钓鱼”要当心

王先生偶然在某大型购物网站上看到有人贩卖手机，并称该手机是无法在市面上购到的个性手机。王先生正想买部多功能手机，所以就跟对方取得了联系。该卖家说：“这批手机并没有牌子，都是其利用高科技手段改装的，功能非常强大。”他还给王先生传来一张功能表，根据上面的介绍，该款手机功能之强大令人咋舌，还说“这样的手机要是在市场上购买要五六千元”。

该卖家告诉王先生要先汇钱后发货。第一次通过网络购买商品的王先生对此非常不放心，他通过多次与卖家协商，该卖家同意先发货，验货后再交付货款。王先生想这样总不能被骗了吧，于是就同意购买了。不久，王先生到快运公司领取手机。当王先生提出验货的要求时，却被快运公司的工作人员告知，根据快运公司的规定，必须先办理提货手续，才能看货。而提货手续包括支付快运费和代收货款，于是王先生只好交了钱。

工作人员将王先生的包裹拿给他的时候，王先生感觉里面的东西重量好像有点儿沉，并在里面滚动。于是，他便当场将包裹打开，发现盒子里竟放着一块大砖头。气愤不已的王先生立即要求快运公司退还货款，但该快运公司拒绝了他的要求。物流公司一直以来都有先办理提货手续才能看货的规定，至于货物出现问题，只要不是在运送过程中所造成的，该公司不应负有责任。

火眼金睛

网上购物正被越来越多的消费者所接受，然而由网络引起的欺诈案件也开始增多，而“网络钓鱼”就是其中的一种。诈骗者们往往通过在网上发布一些虚假的出售物品信息或是用低价作为诱饵，让购物心切的人们上当受骗。

识破商家购物返券陷阱

"买100送30"、"买200送60"……近来，部分商场超市推出形形色色的购物返券活动且进行得如火如荼。面对一个又一个"送"、"赠"、"扣"，很多消费者都想知道自己是否得到了真正的实惠。经过对一些商场超市作的一番探访，我们发现购物返券有不少陷阱，消费者切勿冲动消费。

(1)名为让利实为倾销库存

消费者李先生在某商场购物时获得了数百元返券，可当他真正想利用这些返券购物时，却发现用现金可以购买商场内任何一种商品，但用返券却只能购买一部分商品，一些商品明确规定"不接受返券"，有不少柜台贴出"本柜台不参加活动"的字样。原来，不参加活动的，多为一些知名品牌、畅销品牌、新款新品，而返券适用的，往往是那些过季或断码产品。

(2)商家保留最终解释权

有的商家规定"单张发票满100"或者"单张发票满200"等条件，消费者才能获得返券。因为设置了这些整数关，商家往往把不少畅销商品的标价定在99元、199元等，为了凑到整数，顾客不得不选择超过整数关的其他商品；有的商家规定100元以内的商品，不得用返券抵，有的规定一件商品，只能用一张返券抵扣，为了把返券用完，有些消费者原先是给自己买上装的，结果又是裤子，又是鞋子，还给家人买了一大堆商品。返券购物不但在品种上有限制，在消费时间上也有限制，甚至于只能在当日使用……返券的这些附带条件，"商家保留最终解释权"，消费者即便发现拣便宜不成反而被套，结果也只能自认倒霉。

(3)用返券购物多不退少要补

消费者所得的几十元乃至上千元不等的返券中，基本上每张券都是整数的。而商品的价格，大多会拖个尾数。用多出商品价格的返券来购买商品，商家是不会找你零头的，而用少于商品价格的券来购买，却要用现金补足。

(4)羊毛出在羊身上

张女士在逛商场时，发现部分冬装能够赠送返券，觉得很实惠，就为爱人买了一件。但后来她在一家专卖店看到，同不含返券的价格相比，还是专卖店便宜。

火眼金睛

鉴于商家推出的种种促销措施，我们一定要理性购物，不要因一时冲动买些并不需要、过时或低端技术的产品。要警惕设在“最终解释权”背后的陷阱。只有当商家的解释符合诚实信用原则，并与消费者的通常理解相符合时，才具有法律效力；当商家的解释故意隐瞒了事实，给消费者造成重大误解时，就不具有法律效力。

当心利用发票设陷阱

购物凭证或服务单据本是民事财产关系中重要的法律凭证，但是一些不法经营者却常在发票上设置一些陷阱，消费者一时大意或不在乎，往往就会造成利益受损而不能获赔的局面。

陷阱一：发票上不填品名而以一些字母或代码代替，一旦出现问题，消费者无法举证。

陷阱二：借口没有发票，要求一周后再取，以避开“七日内退货”规定。

陷阱三：“三包”期内换货，发票上不注明换货日期。

陷阱四：以经营者之间所用的购销合同代替发票，这类问题主要发生在家具商场，一旦经营者撤柜，有的商场则称是消费者与某人的私下交易，与商场无关。

陷阱五：借口已向消费者提供了降价等优惠，如再提供发票则要消费者承担税金。

陷阱六：故意填错日期。

陷阱七：不盖公章或所盖公章与店名不符。

陷阱八：在发票上加盖降价或打折商品、售出一律不退等字样，试图混淆成处理商品。

火眼金睛

很多消费者因为没有取得发票或者不注意查看发票，拿到了假发票而无法维权。在受理的诸多消费投诉中，因为消费者所提供的发票内容填写不全、不规范而无法作为证据，最终无奈撤销的案例非常集中。而造成此类情况的原因就是商家故意在发票上做手脚，逃避责任及偷逃税款。

节假日商家促销探秘

节假日商机无限，各商家的促销手段层出不穷，而价格欺诈行为也时有发生。

商家虚假标价：某大型商场销售某品牌随身听时，在标价签上标明产地是“日本”，而实际产地却是新加坡。

虚夸标价：某餐厅在促销宣传中宣称其销售的点心为“全市最低价”，而实际价格多数不比其他商家低，误导消费者购买。

模糊赠售：某服装商场销售一品牌服装时，在经营场所打出“买一送一”的条幅，但却未标明赠品的品名和数量，实际上给消费者的仅是一件普通内衣。

隐蔽价格并附加条件：某销售手机的商店销售某品牌手机时，标价为 1190 元，并在标价签上标明内含 900 元话费。但消费者使用后发现“内含 900 元话费”中的 700 元需要激活才能使用，即要存入 700 元话费才能使用赠送的话费。

虚构原价：某美容整形医院在促销广告中宣称“隆胸原价 8000 元，现价 4000 元”，而实际上所谓的“原价 8000 元”从未执行过，无法提供降价依据。

不履行价格承诺：某私立医院在广告中宣称“激光治疗狐臭手术费 60 元”，而实际收费为 120 元。当消费者提出异议时，医院负责人的解释是“一边腋窝算一次，两边按两次手术计费”。

火眼金睛

节日消费市场上，许多消费者在商家形形色色的返券、免费服务、赠品面前看花了眼，以为是天上掉下了“馅饼”，不知不觉落入了商家的促销“圈套”。消费者一旦进入了某些商家精心设计的“优惠”程序，往往难以自拔，这个程序的终端仍是有价消费。

团购里面耍花枪

在不少小区论坛上都有大大小小的团购优惠信息，互联网上各团购网站也打出不少令人心动的价格吸引消费者。不过，大家在心动之余也要擦亮眼睛，因为不少团购在省钱光环的遮掩下充斥着种种陷阱。

(1)骗取订金“走佬”

方女士在她家楼盘的小区论坛上看到一条团购信息：一位自称公司在该小区附近的家电经销商张先生正在积极地组织团购空调，称某品牌空调的团购价比市场价低了近800元。这位张先生称，由于厂家的该系列空调供不应求，加上以如此优惠的价格成交，大家须先交500元的订金。方女士和其他参加团购的业主纷纷交了订金。但过了一周左右也没音讯，当各业主再欲联系张先生时，其手机已关机，他的“公司”也已人去楼空了。

(2)售后服务“缩水”

刘先生在某团购网站上看到某知名品牌数码相机，团购价比市面价低了400元，而且网站保证该产品绝对是行货，而且有免费保修，还有电池送。相机拿到手后，刘先生发现，该款相机一般的保修期是一年，但他买的产品只有半年，而且附送的电池也非原装电池。网站对此的解释是：产品的确有保修期，也有电池送，他们没欺骗刘先生。

(3)只给送货不包安装

颜小姐参加了由某百货商场组织的新居用品团购活动，购买了一个马桶、一台抽油烟机和一扇防盗门。以商场的“惊喜价”计算，颜小姐此次团购省去了700元。但送货当天，送货工人把货送到颜小姐家就走了。颜小姐向商场质问，商场却说，商场只承诺送货上门，不包安装。要安装三样物件，颜小姐需另付500多元。颜小姐只好找他人把这些东西装好，并为此花了近千元。

(4)“托儿”推销贵过市价

钱女士参加了由某家具店组织的现场团购活动。现场一位中年妇女指着一套餐桌椅“激动”地拉着身边一位朋友说：“哇，我在商场看到一模一样的，比这里贵了近300元！这套桌椅太划算了。”于是“兴奋”地拉着朋友付订金。钱女士正好看中那套家具，听了这番话后也觉得划算。

但一个月后，钱女士在某商场看到该套桌椅的价格比她的团购价便宜了近百元。更搞笑的是，钱女士在逛商场时居然又碰上了那位中年妇女，对着一大堆促销产品故伎重施。钱女士这才知道自己被“托儿”骗了。

火眼金睛

一些网友看似热心，实则心怀鬼胎。他们先是向网友散布假团购的信息，接着以巨大的差额来吸引网友们加盟，最后骗取他们的购物费或订金。还有一些人，是商家的“托”，他们充当召集人，利用参与者的跟风心理与商家串通拉高价格，推荐高回扣率的商品从中牟利。由于网络自身的虚拟性、取证难等特点，在网络团购过程中，消费者应该更加谨慎，警惕个人提供的虚假信息。

会员卡消费有玄机

当前在许多城市里，会员卡消费渐成时尚。在购买之初，许多消费者被承诺将享受到各种“折扣”及其他的优惠措施。但近年来，在许多地方，会员卡消费却成了一块布满陷阱的蛋糕，一旦消费者付钱办了卡，就可能面临服务承诺缩水，甚至商家卷款逃跑……

陷阱一：不太匹配型

吴女士花800元买了一张美容年卡。消费了一次后发现，自己的脸部皮肤对该店美容方式过敏。退卡要求却被美容院以诸多理由拒绝。

陷阱二：质量打折型

李先生冲着一知名发型师在一发廊买了500元的会员卡，可是没多久发型师就换了，承诺与现实相差甚远。

陷阱三：逃之夭夭型

黄先生在某地买了一张洗车年卡，哪知刚洗了三次，第四次去时发现店门已关，商家没有留下任何告示便失踪了。

陷阱四：强制消费型

王女士在一家健身中心办卡后，中心经常向她强制推销一些与健身有关、但王女士认为毫无必要的产品，从卡里扣钱。

火眼金睛

会员制消费方式最关键的是要以商业信用作为保证，而目前我国尚未建立起完善有效的信用机制，也没有具体的法规对这种消费方式来进行规范，在这种情况下，实行会员制消费自然会给消费者带来风险。不少商家先以虚假宣传让消费者动心，再与消费者签订格式合同，一旦无法兑现承诺，又利用合同中“潜伏”的格式条款来减轻或免除其责任，这些都是预付卡消费中不法商家惯用的伎俩。

“清仓”另有心思

一家有十几年经营历史的商场即将转制停业了，这家商场打出了“转制清货”字样，门里门外反而特别热闹，到处挂满“狂减”、“跳楼价”、“二折起”等条幅，看起来有些陌生的店员还起劲地吆喝“最后几天、要买趁早”等等，气氛似乎有一点疯狂，不断有人走进这家商场，挑挑拣拣地选购。

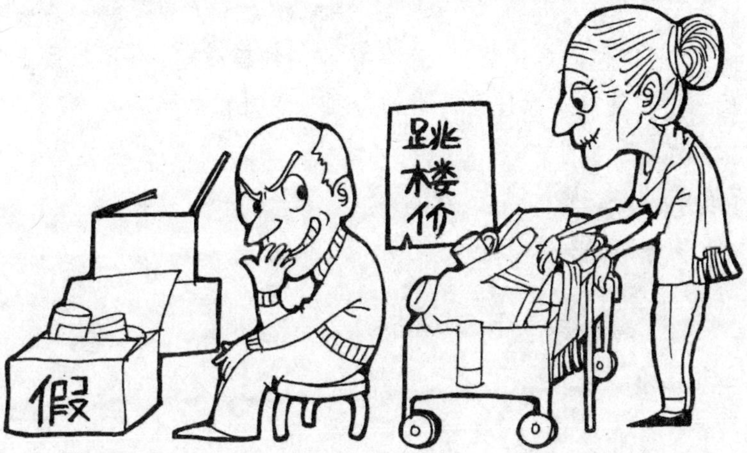

类似场景到处都可见到，市民并不陌生。然而，在这个所谓“转制清货”的背后，却隐藏着一个骗局。

最初，李某得知该商场即将转制的消息后，闻风而动，主动与该商场联系，在商场关门前租用该商场一楼进行经营，并签订了协议书。李某使用该商场不用付租金，条件是按7.3折将该商场的库存商品接收下来。

得到了这个“老舞台”之后，李某是怎么经营的呢?

李某堪称“大手笔”地从广州一举进了6万元的货，全是假冒伪劣的所谓名牌商品。诸如欧米茄、精工等名牌手表、美宝莲面膜、羽西牌唇彩、SK –II牌套装等等。这些与该商场原来的存货毫不相干的假货，由于进价很低，销售价看起来不高，其实利润是很可观的。当然，在销售假冒伪劣的同时，也有部分原来该商场的存货搭配销售，价格也并不便宜。

由于这个商场转制停业是真的，这使骗局更有欺骗性。该商场在当地多年，所在位置又不错，打出“转制清货”的宣传口号后，不少人确信无疑，认为真有库存的便宜货可捡。却不知商店看起来还是这个商店，经营者已经悄悄换了别人，销售的商品大多也不再是该店原有的商品。

火眼金睛

消费者购物在一定程度上是凭感觉的，如果同样的商品在路边销售，消费者可能不会感兴趣。但打出“转制清货”的旗号，在一家经营了多年的老店吆喝着卖，效果就大为不同。因为消费者大抵认为：商店停止经营了，总会有些存货要处理，价钱总该比较便宜。于是就有人抓住消费者的心理特点进行欺骗。

路边的手机不要买

陈先生在路上走，遇上个 20 多岁的女子，手里拿着手机，该女子说："先生，我的钱包被偷了，没办法，想要卖掉手机筹路费，不知您想不想买？"

陈先生接过手机试了试，觉得不错，就以 300 元的价格成交了。

女子前脚刚走，马上就有三个年轻男子围了上来。 其中一个指着手机说："这手机是我的，刚才被小偷偷走了。"

为了让陈先生相信，还表明自己知道手机里面存储的信息，如果陈先生不将手机归还的话，他们就要报警了。

陈先生见三人气势汹汹，自觉力单难支，而且对方所说的特点与手机相符，到了派出所也是自己吃亏，只得将手机还给他们。

事后陈先生想想不对，哪有这么巧的事，刚买来的手机马上就有失主来认？

原来，卖手机的女子和要回手机的男子是同伙。

火眼金睛

很明显，案例中的几人是一个诈骗团伙，利用女性容易被人们相信的特点，加上人们爱贪小便宜的心理，让好心的路人中计。这种情况下，你只有吃亏的份，因为即算是你花钱了，谁看见呀，你说没偷，谁相信呢？真是哑巴吃黄连了！路边的手机大家最好还是悠着点，不要贪那点小便宜，免得因小失大！

地摊哪有古董卖

一名30多岁的妇女拿出一个发出铜色光泽的“金鸡”摆在地上，表示要卖。由于好奇，附近的人们渐渐围拢上来。于是这妇女向人们滔滔不绝地讲起这只“金鸡”的来历。

她说“金鸡”是自家祖传的古董，已经存了多年，现在由于经济拮据才拿来卖的。正当她说得起劲时，不远处突然有一男子走过来，对“金鸡”端详一番后说：“这东西还真像样，摆在家里也吉祥。我给你500元钱卖吗？”妇女摇头不答应，非要600元。结果那名男子一下子“恼羞成怒”，说：“你要价太死，没有这样做买卖的！”狠狠把妇女数落了一通后拂袖而去。这男子走后不久，站在旁边的另外一个留分头的男子站出来“主持公道”说：“你要价确实绷得够死，这不，把人得罪了吧！不过说实话你这东西确实也值些钱，它总得有二十多斤重吧，卖废铜的话也得卖几百块钱啊。我口袋里就有380块钱，你要是卖，我就要了。”说着就从口袋里掏出钱来，而“不识相”的妇女却坚持让他再添点，说要400块钱。结果一番交涉后，第二个男子也掉头离去。此时有不明真情的一老者被忽悠得有点“晕”，要掏钱买“金鸡”的时候，被家人一把拽走了。实际上那妇女和两个男子都是一伙的。有一个人就被这一伙骗子弄蒙了，最终掏了800元钱买了个如出一辙的“金鸡”。到家一看，原来是一个石膏做的假货，不过是外表喷了光洁度较高的金属漆而已。

火眼金睛

现在要在地摊或小店铺买到真正的古董很难，一是因为人们的收藏意识已普遍提高，古董不会在较低的价位被轻易出手；二是相当一部分摆地摊的商贩，实际上是由一些专门制假售假的团伙操控的，在他们手中怎么可能有真正的古董？

警惕“亲情式推销”

朱某的内心一直受着自己良心的谴责，他以前的名片是某某科技公司，后来还有一些老年健康俱乐部之类的名片。这些单位基本上都是挂羊头卖狗肉，主要是从事针对老年人的市场营销。刚进入这一行，朱某就被上边的经理洗了脑，经理说：“没有钱你们这些人就是孙子，所以你们要把自己当成老人们的儿子、女儿，不要怕丢人，大胆地骗、大胆地拿，孩子从爸妈那里拿钱没有错。”

第一步是收集老年人的资料，常用办法是在各个社区设立免费的健康检查点，老年人怕得病，这时候，让老年人填表，了解家庭成员、经济收入、健康状况、电话号码等具体信息。还有花钱请著名的“医疗专家”作健康讲座，然后通过邀请回执函获得信息等。

接着回到公司，几个人一个小组开始分析：“哪个老人有退休金、家里儿女不在身边，之所以公司会选择孤独有钱的老人，是因为年轻人容易识破这些利润大的违规产品，反对的可能性较大，有时还会向有关部门举报。”选择好目标后，做成一个表格向经理汇报情况，准备下一步行动。

之后，打电话给老年人说，自己是某某老年人娱乐活动组织的成员，正在组织公益免费的旅游、保健等活动，公司出钱邀请目标群老年人参加，这时候，嘴就要甜了，男的叫大爷、女的叫大妈，活动中和老人打成一片，利用同社区老人们比较了解对方情况的优势，用聊天的办法对目标老人进行更详细地了解，这样就进一步敲定了选择的目标，其间还要进行一些赠送不值钱药品的游戏，测试老年人的反应和机敏程度，这样筛选出来的对象就基本上“达到要求”了。随后，以回访的名义进行家访，没事常回“家”看看，聊天培养感情、送小礼品，甚至认干爹、干妈的情况都有，老年人一看突然多出一个这么孝顺的孩子，心里当然是十分高兴。

接下来就开始推销产品了，推销的产品有涉嫌非法集资的股票和其他证券（一万元就有几千元回扣），各种保健仪器设备，还有几百元一套的保健药品，回扣也是可观的，里面当然是老板经理得大头，这些产品绝大多数都没有合法手续，可是利润高。

面对“亲情式”的推销，老人们基本上都痛快地掏了腰包，实在不行就使出“苦肉计”，愁眉苦脸地说没有完成推销任务，公司要开除自己，以后再也不能陪干爹干妈了，老人们一看“孩子”受了委屈，大都乖乖掏了钱。

过段时间后，推销者又向老人推销其他产品，推销一结束就选择离开，这时以不在这个公司干了、回老家、家里人有病为由，换一个社区和手机号码继续从事这种工作。 这里面已经形成了一个销售群和不太完整的体系。

朱某有时也在麻痹自己，不认为这是一种欺骗行为，可是把不合法的东西卖给老人，他心里真的很难受。 醒悟过来的朱某说，希望老年人能理智消费，不要再上当了。

火眼金睛

一些社区出现的以老年人为目标的推销者，他们组织严密，利用亲情来和老人套近乎，甚至把老人认成自己的“亲人”，然后把保健品和违规证券推销给他们，从中获取高额利润。希望老人们今后能够提高警惕，防止受骗。

别让假专利忽悠你

“我就是冲着‘美国专利’这四个字才购买的热水器，居然是假专利，真气人！”某热水器品牌因为宣传虚假专利被曝光时，不少消费者大呼上当。洋专利，曾经使多少人下定决心购买这个洋品牌，现在却被证明，所谓的专利只是几个根本不存在的号码。

针对专利忽悠消费者事件，中国家电协会的一位专家告诫消费者，面对市场上种类繁多的专利，应该冷静，千万不要对“洋专利”有迷信心理。剥下产品介绍中“专利”和“洋专利”的层层包装，我们可以发现，目前市场上的虚假专利主要有以下几种：

第一种，商家所提供的专利根本就是假的。例如此次被曝光的某热水器，商家号称在美国取得了专利，其实细究之后不难发现，美国发明专利应有的7位数字编号，我们得看产品专利编号是否有七位数。

第二种，尚在公示期间的专利。按照美国专利局的规定，每个专利在正式获得批准之前，会有一段公示时间，其最长为3年。在这段公示时间内，产品还不能被称为专利产品。然而，有些急功近利的商家就会利用尚在公示期间的专利做宣传，号称已经获得了被批准的专利。显然，这同样是一种欺骗消费者的行为。

第三种，已经过期的专利，以及已经超过了公示期却最终未能获得批准的专利。有些不法商家正是利用这两种“过期”专利继续宣传，又一次欺骗了消费者。

不少不法商家利用消费者专利常识的缺乏，一次次地欺骗消费者。这为消费者敲响了普及专利常识的警钟。面对种种“骗术”，消费者购买产品时要擦亮双眼，严格注意以下几个问题：

首先，不要轻信产品宣传册上的专利号码，因为专利号的存在并不意味着产品已经通过了专利或者仍在专利有效期内。正确的做法是坚持看看产品的专利证书，因为专利具体的起始时间、性质都会在专利证书中有一个明确的说明和表示。

其次，不要盲崇“洋专利”和“洋品牌”。原因很简单，对于同一款商品来说，国内和国外的使用环境有很大差异，这就必然影响产品的使用效果。就热水器这种产品来说，很大程度上受到水质的影响。

而国外的水质相比国内来说要好很多，因此，一些洋品牌热水器在国内使用可能就会面临一些问题。

火眼金睛

消费者受骗的主要原因是：普通消费者不懂专利当中的专业术语和专业分析，使得不良商家有了可乘之机。看来，想要做一个明明白白的消费者，就不得不冷静自己的消费行为、完善自身的消费常识、提高自身的消费意识，千万不能被洋专利忽悠了。

第十篇

伸向爱情的黑手

——骗 情 骗 财

爱情是神圣的，容不得半点虚假，可惜的是，神圣的爱情一旦被骗子利用，你就成了对方的提款机。

以征婚为名消费

李先生在某报看到一则征婚广告。“某女，22 岁，北京人，未婚，温柔体贴，外企职员，欲觅终身伴侣，有意者拨打电话……”30 岁出头的李先生一直没女友，他马上拨打电话。电话接通后，一位自称姓江的女子约定李先生在一家酒吧里见面。

进到酒吧后，李先生二人就被领进包间。刚进包间，江小姐就点了两瓶啤酒、两杯咖啡和三盘干果。谈了近 1 小时后，江小姐借口去卫生间，半个多小时过去，江小姐一直没有回来，李先生等来的却是结账的服务生。

李先生一看账单就蒙了，共消费 590 元，一盘干果竟然 120 元。李先生感觉被骗了，但在服务生的威胁下，李先生迫不得已付了 590 元，离开酒吧后，李先生到派出所报案。

老板郝某夫妇从别人手中承租酒吧，并在外另租有两间出租房。一间专门用来做员工宿舍，所有员工包吃包住，统一住宿。另外一间作为办公室，三名女接线员专门负责接电话，冒充征婚者将来电者骗来见面。郝某还雇有 3 名专职的婚托负责见面，每人每月最少要完成 100 个任务，每个任务的标准是最少在店内消费 100 元。当“工作”忙的时候，接线员也经常充当婚托，出去和事主见面。

火眼金睛

因为应征男子多是外地人，人生地不熟，被宰也只好忍气吞声，所有被约来的事主都是外地来京打工者，而这些事主往往都是因为害怕威胁而且不想多惹麻烦而在被敲诈后并不报案。在此提醒想应征的男士，遇到这种情况，应三思而后行。

找老伴多长个心眼

俗话说，少年夫妻老来伴，可见老伴有多重要，所以找老伴时一定要慎重，多长个心眼。

李某，他身材高大，尽管已年过六旬，但穿着玫红色的T恤衫，倒像40岁出头的“老帅哥”。他化名王元，跑到一家婚介所，称自己本科学历，在铁路局工作，早年离婚，想找个老伴一起生活。他没拿出离婚证书，说忘记在家了，婚介所便给登记了。

这么好的条件，果真吸引了一些中年离异或丧偶的妇女。李某谈了第一个“女朋友”季月，没多久，他跟她借了500元，理由是“我正在打官司，需要钱！”

没多久，一个叫杨兰的妇女和李某相处。李某文质彬彬，常哄她：“老婆，我打赢官司得了钱，给你买车。”哄得杨兰对他死心塌地，“借”给他1万多元钱“打官司”。

与杨兰关系密切时，李某还跟两个女人阿芳、阿梅相好，李某经常陪这些女人烧饭、聊天。同时不忘哄她们给他钱“打官司”。

杨兰后来找到李某。“这个是我保姆。”屋内的李某见到杨兰毫不惊乱，指着身旁一位妇人说。

“我不管这么多，你把钱还给我！”杨兰吵着要钱。“我才是他的老婆！”屋内妇人拿出结婚证书愤怒地喊道。杨兰报了警。李某被派出所抓获，交代了诈骗事实。

火眼金睛

近年来，因为婚介所、征婚广告的监管存在漏洞，常有中老年人被婚恋骗子诈去钱财。因此，中老年人在婚恋时，除了要了解对方品性，最好到其所在社区、单位、派出所进一步核实婚姻等状况。

“借种生子”的背后

吴先生看到了报纸上的一份“借种生子”的广告，当时广告上说，有一位名叫美凤的归国富姐，30岁，皮肤白皙，丰满迷人，嫁印尼珠宝富商一直未孕，丈夫因海啸终身残疾，以致长期无性无爱，经丈夫允许，特回国寻找共孕男一名，给予安慰和性福，并且留下爱的结晶，事成后500万重金酬谢。

看了广告，吴先生不禁心动，就按广告上留下的联系电话拨打了过去。接电话的女人自称是中介公司的工作人员，说富婆现在重庆，要吴先生先交1000块钱中介服务费才能与富婆通话，一想到不交这个钱就无法与富婆接上头，吴先生还是咬咬牙准备交这笔钱。讨价还价之后，吴先生给对方汇去了300元的服务费。后来中介公司又说需要再交3000块钱保证金，当吴先生最终交了保证金之后，立即跟富婆通上了电话。

吴先生觉得这事还真有些谱，而且富婆好像也看上了他，在电话里承诺一两天之内就会飞去与他见面同居，并且要给他带去50万块钱的现金，这让吴先生觉得像中了彩票大奖一样幸福。放下电话之后，富婆还给吴先生发来了一些含情脉脉的短信。

吴先生是一名出租车司机，结婚将近二十年，女儿也快上高中了，这一次突然到来的艳遇着实让他有些不知所措。一方面能够坐拥美女，另外一方面能够有大把的金钱到手，于是吴先生就盼着这个富婆能够迅速从重庆赶到他的身边。正在这个时候，富婆又来电话了。

富婆说她身上带着巨额现金，她单身飞往吴先生那的话家里人不放心，要求吴先生再汇6万块钱公证费。经过讨价还价，吴先生同意交2.6万。吴先生开出租收入不多，只好背着妻子向亲朋好友借了两万多块钱给富婆汇了过去，吴先生觉得投入几万块就能得到几十万甚至上百万的回报，这种交易还是很值的，更别说还有与富婆同床共枕的机会。

那位富婆在收到吴先生的两万多块钱后很快发来短信说，她马上从重庆坐飞机赶到吴先生那。一想到人家是身价上亿的富婆，吴先生想接待人家一定不能太寒酸，于是就在最好的酒店订了一间总统套房，每晚的房价高达 2000 多元。 现在万事俱备，只欠富婆这个东风了，吴先生完全沉浸在幸福和喜悦当中。

可就在这个时候，富婆却发来了这样的短信：我很烦，一直不知道怎么说，我的膝盖韧带粘连必须要做手术，我先生昨晚回来接我，要带我去加拿大爱德华医院做手术，他担心国内手术不成功会终身残疾。我好舍不得你，不方便打电话给你，等我回国第一时间就去见你。 收到短信后，吴先生再给富婆打手机却怎么也打不通了。

心存疑惑的吴先生把情况告诉了自己的一个朋友，朋友说这肯定是一场骗局。 难道真的像朋友说的，自己被骗了吗？ 吴先生想，如果要是真被骗了，2.9 万元就打了水漂了，而且大家还会说他特别傻。 所以在这种情况下，吴先生不打算坐以待毙，他想主动出击，最好的方法就是亲自到重庆，去看看这个富婆的本来面目。

吴先生特意赶到重庆来找那位富婆，但待了一个多星期也没能与富婆联系上，直到彻底绝望了才来到公安机关报案。

火眼金睛

看到借种的广告后与对方联系，结果被一骗再骗，少则损失几百元，多则被骗数万元。现在骗子骗钱的花样不断翻新，看到“天上掉馅饼”的广告时，市民千万要看紧自己的钱包，切勿上当。给素不相识的人或公司汇款时要留个心眼，要通过相关部门查清楚他们的底细，做到万无一失后再汇钱，别让自己的钱打了水漂后，再来后悔。

别中“仙人跳”陷阱

做生意的张某虽然已到了知天命的年纪，可是精力充沛，难耐独处寂寞的他，早就听说某公园里有“野味”，而且价格挺便宜。

一天下午，一心想寻花问柳的张某来到该公园，逛了不到 10 分钟，就见离他不远处有一个女子朝他抛媚眼，招手示意他过去。

张某便靠上前去。双方谈妥价钱后，张某便尾随女子七拐八拐到了附近一出租房。进入房间后，女子锁上门并示意张某脱衣服。张某急不可耐，就依照吩咐脱去了外套。该女子将张某的外套扔在了床前的地上。过了两三分钟，该女子借故推托，把 40 元钱扔还给张某。

张某心有不甘，可又无可奈何，穿上外套后一摸口袋，发现原本鼓鼓的钱包已空无分文，里面 12000 多元货款不翼而飞。而房间里别无他人，张某料想定是这女子做的手脚，就扯住女子的衣服不放。

女子呼救，两名男子踢门而入，紧紧拽住张某的衣领，照着他的胸口挥拳就打，女子趁机逃走。偷鸡不成蚀把米，张某只能悻悻离开，随后他向警方报了案。

火眼金睛

这些女子到公园寻找“猎物”带入房间，并把男子的外套脱下放在床底，随后用手机拨通同伙的手机，响一声即挂断，表示可以动手了。接到暗号后，几名男同伙便从隔壁房间的暗道钻到这个房间的床底，摸到钱后再悄悄爬回。

路边的野花不要采

王平途经某宾馆时，宾馆门口一名穿着笔挺的男子上前热情地拉住王，说："我们里面有漂亮的小姐，大哥，你需不需要？价钱好说！"双方一阵讨价还价之后，男子将王带入一房间内。

大约10多分钟后，一名打扮得浓妆艳抹的年轻女子走进了王的房间，两人发生了性关系。女子离去后，"服务生"随之进入并对房间进行整理。而没过多久，宾馆的"经理"和"保安"也来到房间，并表情严肃地对王说道："这位老师，你这样做就不对了，我们的服务员是只做保健，不发生关系……"

听到这一席话，王愣住了。"经理"和"保安"见状，就开始威胁乃至殴打，让其拿出身上的现金、银行卡，并说出密码，可怜的王就连工作单位也被要求说出。拿到银行卡以及密码之后，"经理"和"保安"将资料传给另一男子后，继续与王留在房间内。最终，王被取走5600元现金后，几男子消失。

眼下，通过到宾馆开房诈骗嫖客获得丰厚回报的事情频频发生。通常几个人通过细致分工，各施其责——开房间和拉客，找小姐，放哨，服务生，经理，保安等各就各位。他们还根据各自的气质与外型，选择适合自己的角色扮演。

火眼金睛

此类骗术设计得天衣无缝，就是觉察到了，也因为有证据捏在别人的手里，也只能乖乖就范，还是送良言一句：路边的野花别乱采。

专攻不设防的善良

小叶是在京都结缘俱乐部和韦斌相识的。当时，结缘俱乐部的“红娘”拍着胸脯介绍韦斌是“海关缉私局”的副局长，刚刚和妻子离异，而韦本人对小叶的个人条件非常满意。就这样，韦斌“善解人意”的谈吐，加上每天两三个发动爱情攻势的电话，还有“副局长”的身份、全身上下“鳄鱼”名牌、乘坐“奥迪”车出入……使从小就对警察充满敬意的小叶很快坠入情网。

在家里，小叶是父母的掌上明珠。对韦斌这个在小叶眼里“十全十美”的准女婿，她的父母更是关怀有加。当听说韦斌能从海关买到比市场上价格便宜一半的二手车时，小叶的父母毫不犹豫地把 8 万元交给了小叶；当韦斌说要买一台海关罚没的投影电视作为他们结婚的嫁妆时，小叶的父母又拿出了 1.5 万元；当韦斌说在部队时的战友有急事用钱时，小叶从家里再次拿出了 1 万元……一年的工夫下来，韦斌从小叶家拿走了 20 万元现金，但是，要他办的事都因为“领导不在”或“单位有急事”而推脱下去没有了回音。

心中起疑的小叶再也没法相信这位“副局长”恋人了，她偷偷地对韦斌进行打听，发现在和自己交朋友的同时，韦斌还有一个在国家税务部门上班的“女朋友”。当两个“情敌”见了面后，韦斌的伪装终于被揭开。

韦斌这个在国家税务部门工作的女朋友叫顾琳。顾琳和小叶一样，也是通过朋友介绍认识韦斌的，刚开始她同样也被韦斌“副局长”的身份迷得神魂颠倒，不仅为韦斌献出了自己的身体，还让韦斌把自己参加工作几年来积攒的存款挥霍一空。韦斌在与小叶天天打电话诉说“衷肠”的时候，他乘坐的“奥迪”车也同样停在顾琳的单位门口，准时接顾琳上下班。为了结婚，顾琳从单位里开出了“结婚登记介绍信”，韦斌也从“中华人民共和国海关总署人事处”开出了盖有公章的“结婚登记介绍信”。

顾琳的姐姐听说韦斌有关系，想托韦斌把自己家的捷达轿车卖个好价钱，韦斌大包大揽地欣然同意。当轿车、行驶证及有关车辆的一切证明都被韦斌拿走后，车款却没有了下文。

交往半年后，顾琳主动和韦斌谈起了结婚的事，这个时候，韦斌仍然说他们单位是国家的重要单位，电话保密，拒绝告诉顾琳自己的办公电话。

在顾琳和家人的再三要求下，韦斌才留下了一个电话号码，还神秘地对顾琳说，不是重要的事不能拨打。韦斌把12张共计800余万元的10年期大额存款单交给了顾琳保管，而后，以不便于动用定期存款为由，从顾琳手中拿走了1万元的“活动经费”，说要招待中央来的领导。

当顾琳发现韦斌还有一个女朋友时，首先想到了这些存款单，她拨通了银行的电话，工作人员告诉顾琳，10年期的大额存单早就没有了。顾琳抱着一丝希望来到银行进行鉴定，结果却被告知存款单是假的，顾琳蒙了！

韦斌的身份会不会也是假的？顾琳拨通了韦斌留下的电话，每次都是一个自称是“副局长”秘书的女人接的电话，问顾琳有什么事，她可以转告。疑心没有打消的顾琳又拨通了114查号台，查出了海关的电话，海关办公室称：根本没有叫韦斌的人，更不用说是什么副局长了！这天，韦斌应约来到顾琳的办公楼下等待顾琳下班，还没有待他的“奥迪”轿车停稳，一辆白色的切诺基横在了他的车前，从里面走出来两个警察，平日威风凛凛的“副局长”见到警察后，一扫往日的威风，低下了卑微的头。

火眼金睛

自诩“大情圣”的李敖说，几乎所有的爱情骗局，指向的都是不设防的善良。和直接许以利益回报的诈骗不同，许多骗子，用的是其动人心魄的“爱情催眠术”，一步步将善良而不设防的人们拖向深渊。在情与法、真与假、索取与回报的纠缠之间，冷血的“猎手”一步一步从意乱情迷的“猎物”身上获取利益。

同情心成为骗子的通行证

张某是某乡一个基金会储蓄所的主任，一次偶然，她遇到了一个风度翩翩的男人杨某，正陷入情感危机之中的张某一下子就被杨某迷住了。一天，杨某打电话给张某，请她在某著名的大酒店吃饭。这天晚上，杨某使出了浑身解数，彻底征服了张某，使得她紧紧抱着杨某热泪盈眶，喃喃而语道："我第一次感到自己还是个女人。"她表示心甘情愿做杨某的情妇。

就这样，经过多次幽会，杨某开始把罪恶之手伸向了张某。他愁眉不展，唉声叹气地说自己的公司要做一宗大买卖，但是因为资金紧张，到手的钱就要飞了！他问张某能不能帮助自己，从基金会里"拿"些钱。看张某表示为难，他故作痛苦状地说："亲爱的，你真要为难就算了，大不了我的公司倒闭，我去南方打工。"

在情人的"痛苦"感染下，张某忘掉了原则和制度，帮杨某"拿"到了 6 万元现金。一个月后，杨某不仅按期如数偿还了本金，还支付了 2000 元的利息。

在张某心中建立了"诚信"的面容后，杨某开始向张某实施连环借款计划，被杨某的诚信迷惑、被爱冲昏了头脑的张某每次都是有求必应，她已经从基金会"借"出了 80 万元没有归还。春节过后，张某在爱情的甜蜜中偶有警觉，要求杨某归还从基金会“借”的钱，杨某不但没有还意，还向张某大谈他的发家致富计划：两人合伙搞出租汽车公司，由张某从基金会里搞钱，由杨某经营，赚到钱后，张某再辞去公职，两个人就可以“安安心心地过快乐日子”了。在这种“美好前景”的诱惑下，张某源源不断地将大笔的资金借给杨某用于经营。

拿到钱后，杨某先后购买了64辆客车和轿车，还购买了凌志、本田等7辆豪华小轿车供自己使用，过上了挥金如土的腐化生活。从此，成了大款的杨某再也不把张某放在心上，他借口业务繁忙，无暇顾及“家务”，经常夜不归宿，与另外两个女人频频幽会。当张某撞见杨某和情妇幽会时，她心酸极了，饱含泪水给杨某写了一封信：“……这些钱都是我拿命换的，为了你，我付出了一切……我想终有一天，我会为你去坐牢，会为你去死，可你……”

人之将毁，其言也哀。张某的话很快就应验了！经检察机关查实，张某共为杨某偷支挪用近百个储户的存款近1800万元。张某被判处有期徒刑10年，作为同案犯的杨某也被判处有期徒刑9年。

火眼金睛

不少女人爱一个男人，爱的是他的脆弱。对弱者的同情是人的美德，却也是苦肉计的温床。女性的同情心正在成为一些感情骗子行骗的通行证。骗子往往不仅猎取了她们的色，还把她们送进囹圄。

网上钓到的“金龟婿”

22 岁的周某身高一米八多，白白净净，无业在家的他经常到网吧上网聊天打发时间。周某在网上很吃香，因为他有一张“巧嘴”，特别会讨女孩子的欢心。一天，他在网上“闲逛”时，与一个叫杨某的女孩聊了起来，两人越聊越投缘，很快就确立了恋爱关系。

回家后，周某对父亲说自己处了一个对象，想过几天双方家长见上一面。周某让父亲谎称在北京有工程，正在施工。爱子心切的父亲欣然应允。

一天，周某和杨某在一家大饭店摆了桌定婚宴。周父特意租来一辆车，并雇用一名司机，对“亲家”说：“这是我家的车和司机。”杨某的父母听罢，喜笑颜开，以为钓到了“金龟婿”，席间不断给准女婿和亲家夹菜，恨不得立刻撮合两家的好事儿。

在获得杨某一家的信任后，周某的诈骗计划也在一步步地实施。定婚宴后不久，周某对岳母说买卖高粱下料能挣钱，轻松从杨家借走 6 万块钱。之后没几天，周某说他自己想开家网吧，办理网吧手续需要用钱，通过杨某向岳父借了 1.7 万元钱。紧接着周某又借走 6000 元钱，这次他借钱的理由是“还我大叔的”。

俗话说：有其父必有其子。周某对父亲说要买一辆二手车，车都看好了，也交了 6000 元的定金了，还差 4.5 万元的余款未交上。

父子俩商议后，由周父给“亲家”打电话说：“我儿子想做化肥生意，咱两家各拿 4 万 5，稳赚！”毫无戒心的“亲家”当即同意。

某日，周某急匆匆地给“岳父”打电话，说他父亲在北京的工程出了事故，死了 3 个人，还有 5 个人受伤住院，而他父亲已经被拘留。眼看工程就要到期，只有尽快完成大楼封顶总公司才能给继续拨款，他想借点钱买钢筋和水泥。当天，杨父便借给周某 2 万元钱。又过了几天，周某说他父亲的另外一个楼也需要上顶盖，需要 5 万元钱。只是这一次，周某没能如愿。

周某借钱的借口越来越多，手段也开始不同。某日，周某到杨家，说他二叔喝酒喝多了把人砍伤，被公安局抓走，他想借 4500 元钱帮忙私了这件事。接着，周某又以自己伯父的名义发信息，说赌博输了，从杨家借走5万元钱。不久，周某故伎重施，又以赌博输了为名，借走1万元钱。后来，周某又冒充自己的大爷，说要买翻斗车，急需钱提车，再次骗走1万元钱。

此时的周某就像一个永远填不满的无底洞，如果杨某稍加阻拦，周某就会对她一顿毒打。没办法，杨某眼看着自己的父母为了凑钱给周某，不断向亲戚朋友借钱，后来干脆为了贷款把房子也作了抵押。

眼看着杨家的钱财已经所剩无几，周某绝情地甩掉了杨某。没过多久，他就交上了新女友。

周某用从杨家诈骗来的钱与新女友尽情挥霍，住宾馆、吃饭店，让女友误以为他是个“有钱的钻石王老五”。周某的钱很快便花光了，于是他打起新女友的主意。有一次，他以向女友借手机打电话为名，骗走女友手机卖了三四百元钱，而后用这笔钱和女友吃喝。

再说被骗惨了的杨某一家，实在咽不下这口气，已知上当受骗的杨父于是到公安局报了案，周某也为自己犯下的事而伏法。

火眼金睛

许多骗子的骗术并不高明，有些甚至很笨拙，但仍有女性上当受骗，归根究底是女性在被骗钱之前先被骗走了心。作为女人，防范骗子的措施有多种，但最根本的是“别轻信”三个字，结婚是人生大事，一旦受骗，则要通过法律手段解决。

找洋媳妇没那么简单

汤建在报纸上看到多期征婚广告，其中有家“名澳缘”国际好姻缘公司承诺：本公司拥有大量海外优秀会员，专人配对，成功率极高且无效退款。

“我以为找到了一条出国的捷径！”出国见过世面的汤建如是说，两三个星期后，他来到这家“名澳缘”公司“实地考察”。

一位自称姓周的中年妇女接待了汤建，她打开了公司的网站，给汤建看成功配对的案例。不久后，汤建还见到了自称是“名澳缘”老板的“莫”总，“莫”自称是一位澳籍华人，公司总部在广州，在这期间，他给汤建看了刊登在国外报刊上“名澳缘”的征婚广告。

在接下来的几个月中，汤建先后到“名澳缘”“考察”了十多次。

不久，汤建应邀参加一名“名澳缘”会员“陆”小姐的“结婚宴”。宴席上，汤建亲眼看到一位 70 岁左右的美国男子“DELL”给“陆”小姐戴上铂金戒指，然后两人深情相吻。“莫”总向汤建等多名“观摩者”介绍，“陆”小姐于 2 月 7 日加入“名澳缘”，2 月 20 日就与美国的“DELL”先生配对上了，两人在网上鸿雁传信来往了近 3 个月后，终于见面，并订下终身。

“陆”小姐婚宴后的两三天，汤建再次来到“名澳缘”，他问“名澳缘”的“谢小军”经理：“我的条件不是很好，只有中专文化，月收入也不高，只有一两千块钱，找不找得到外国人哟？”

当时“谢”经理拍着胸膛保证：“只要择偶条件放宽一点，绝对没问题，一个不行，我们还会给你介绍另一个！”

得到“谢”经理的保证后，汤建交了 1.4 万，并跟“名澳缘”签订了一份合同。合同上约定，若汤建成功迎娶“洋人”，还需另付 1.4 万。

当年 7 月 1 日开始，汤建陆续收到 Pauline、Sweetline 等外籍女子发来的电子邮件。由于不太懂英文，每次的信件都会经过“名澳缘”的翻译才会转交到汤建手中。

同年 8 月的一天，汤建在上网浏览“亚洲交友中心”时，竟然搜索出了“名澳缘”介绍给他的“Sweetline”女士，其信息跟“名澳缘”提供的不差分毫。汤建大吃一惊，接着查了一下其它通信人，也都能在网上找到相关资料。

9 月中旬，汤建发现“谢”经理不见了，取而代之的是一位自称姓“兰”的经理。“兰”告诉汤建，“谢”经理调到其它分公司了。汤建后来跟“谢”取得了联系，“谢”却称：自己已离开“名澳缘”。

至此，“名澳缘”就再也没有主动跟汤建联系和提供服务。

汤建多次找婚介“扯皮”，但“兰”经理却百般推诿，称：“你的事情不是我办的，我不是很清楚！”

不久，汤建发现，“名澳缘”的网站已无法打开。

“我想把钱拿点回来，拿到 1 万元就满足了。”汤建说，他多次找“名澳缘”退款，但总被各种各样的理由搪塞。后来，“名澳缘”终于接收了汤建提交的退款申请，工作人员称，他们会将申情尽快寄给广州总公司，不久就会给汤建答复。

在退款迟迟未到的情况下，汤建拨打了 12315，投诉自己被“名澳缘”欺骗的事件。个体劳动者协会很快就有了答复，称：“去年就查了该公司一次，还对其罚了款，该公司已经停业，建议你上诉。”但一位律师告诉汤建，这种官司很可能出现“打赢官司拿不到钱”的情况。

火眼金睛

法律规定：国内婚姻介绍机构和其他任何单位都不得从事或变相从事涉外婚姻业务。任何个人不得采取欺骗手段或以营利为目的从事或变相从事涉外婚姻介绍活动。对已成立的从事或变相从事涉外婚姻介绍的机构，由民政部门会同公安、工商行政管理部门联合进行清查，一经查出，坚决取缔；对在婚姻介绍活动中采取欺骗手段或牟取暴利造成严重后果的直接责任者，要由司法机关依法惩处。

高知女性也被骗

阿林在一家网站征婚栏目中发现这样一条信息：金钱买不来幸福，我虽然有钱，但是我的爱情却被一个漂亮却阴险的女人糟蹋了，如今一切都已经成为过去，我的眼睛里只有未来。我可以给你一个稳定的生活环境，但是希望你也给我一个充满欢笑和快乐的家，对我这个要求如果觉得合理的话，请给我留言，必复！阿文。

看见这则信息，阿林禁不住动了心。她来自内地农村，家里为她的学业已经债台高筑，而自己刚刚博士毕业进入高校教书，虽然工作稳定，衣食无忧，但是面临着成家、还债的压力心中却无法轻松起来。于是阿林给阿文留了言。

阿林很快收到对方的回复，邮件中，阿文告诉阿林说，自己今年32岁，在顺德开了一家小家电制造厂，以前的女朋友背叛了他，现在想找一个可靠的女人成家。阿文还称，之所以看中阿林，“一是你是高级知识分子，看问题不会那么俗气；二是你的年龄让我感觉到成熟。”阿文的恭维让阿林感觉很受用，邮件中几个来回后，阿文要求见面，于是双方约定在阿林的单位附近喝茶见面。

第一次见面，阿文显得很谦虚、大度和善良。在见面吃饭时，阿文开了一辆30多万元的轿车。餐桌上，阿文诉说自己苦难的童年和赚钱的辛苦，并没有夸夸其谈，这让阿林进一步相信了对方是个实在人。

吃完饭出门时，看见一个青年殴打一个男子，男子头部受伤，阿文立即拿钱拦下一辆出租车要求司机送其去医院，并且协助报警。约会后，阿文把阿林送至家门口，丝毫没有纠缠她，而是礼貌地道别。这一切让阿林认定阿文是个善良、正派的儒商。

就这样，两人利用电话、电子邮件进入到深层次的交流，半个月后，当阿文第二次到广州与阿林见面后，两人确定了恋爱关系。此后，阿文每周至少要到广州三次看望阿林，每逢双休日更是形影不离。

不久，阿文说有一单生意需要20万元周转，搞砸了将损失惨重。于是，阿林将自己将近一年的工资5万元给了他，阿文承诺半个月后归还，并且附上一个订婚金戒指。

此后，两人关系似乎越来越亲密。期间，阿林怀孕一次，在流产的时候，阿文表示在明年春天与她办理结婚登记手续。

某天晚上，阿文出去买东西，手机遗忘在床上，这时来了一条短信：“你在哪里？ 你叔叔要你还他上次借给你的500元。”阿林感到蹊跷。阿文回来后，阿林开始试探：“我想去顺德玩，顺便去参观你的工厂。”阿文马上表示不方便。

接着，阿文发现阿林看了他的手机短信，一下子慌了：“你刚才看我的短信？ 你报警抓我啊，我是骗子啊！”说完夺门而逃。

阿林愣了半天才回过神，她立即按照刚才短信上的电话号码通话，对方告诉她，阿文只有小学文化，如今到处混日子，家里有个没有结婚却给他生了个儿子的老婆。阿林顿时傻了眼。

火眼金睛

近年，女硕士、女博士被骗的新闻屡屡见诸报端，为什么如此高学历、高智商的天之骄子会栽倒在并不高明的骗术下？经过分析我们可以看出，原因大约有以下几点：一、常处象牙塔中，社会阅历浅；二、年龄渐长，感情尚无着落，急于寻找归宿；三、眼头较高，总幻想灰姑娘遇到白马王子的事，对“成功人士”没有免疫力。骗子正是抓住她们的这些心理，轻易得手，希望更多有着同样心理的女孩子引以为戒。

第十一篇

伸向旅途的黑手

——旅行骗术

在车站我们听得最多的是“祝您旅途愉快”，而现实中，旅途并不都是我们想象的那样，中间可能布满了陷阱。

电子客票可“克隆”

在旅行团负责为旅客购买机票的李先生认识了自称机场送票员的小赵，小赵告诉李先生在某机票代售点购买电子客票有优惠，票价仅五折。 为方便，李先生就在代理点订了 36 张 8 月初出发到北京的电子客票，票价加燃油附加费和机场建设费共 34560 元。

当日下午，李先生就拿到赵某送来的 36 张电子客票，为稳妥起见，他便到售票点查询订座情况，工作人员查询后竟答复他称，机票订座记录在昨日已取消，且机票已被退掉。

机票明明在手，怎会被退掉？ 李先生便当场跟代理点的工作人员“讨说法”。

经代理点的员工对李先生手上的这些“电子客票”仔细辨别后，发现这只是真电子机票的复印件，真正的那些电子客票已被小赵在当天就退掉并取走现金。

据估计，客票是被小赵用高真复印机复印后骗走的，李先生连忙拨打小赵的电话，却发现其电话已变成空号，3 万多元的票款不翼而飞。

火眼金睛

旅客在购买电子客票时，要到正规的代理点购买，不要相信中介一族。正规代理点是各航空公司直营代销点和营业部，且有航空公司授权许可证。购票后，可拨打所乘坐的航空公司服务电话，向客服人员核实机票直假。查找机票上的民航系统定座记录号，记录号在机票右上角“定座记录编号”一栏，由五个英文或数字组成，然后拨打机场查询电话，报上记录号，看能否提供航班信息，以辨明真伪。

出境游购物须当心

熊先生一家参加某旅行社的越南边境一日游。在上船前，与几位自称来自湖南和浙江的游客同行。抵达越南后，当地导游将他们带到一家卖世界名表和摄像机的商店。

同行的浙江游客自称是名手表经销商，连赞店中仿制手表不错，掏钱就买，湖南游客也买了佳能摄像机。熊先生经不住诱惑，花2.5万元买下了两对劳力士表、两个佳能摄像机。购买时，店方还要求其出示身份证。

刚出商店，导游就对熊先生说手上的东西全是走私货，过关时发现了要坐水牢。

于是一行人回店退货，遭店方拒绝并称报给海关的资料没法消。店方称买有鉴定证书的真劳力士表2.3万元一对，但是一对表只能去海关消一个名字。浙江游客掏出银行卡付账，湖南人也称“马上叫家里汇款”。

熊先生无奈花6万元买了“真货”。回家之后他上网一查，所谓的证书和名表都是假的。于是他到旅游局投诉。

导游与“托儿”联手做笼子，游客熊先生越南游被骗6万多元，如今，虽然钱已退回，熊先生仍对这趟旅行感到气愤，故想提醒其他游客注意。

火眼金睛

为什么旅游欺诈防不胜防？原来在旅游行业里，这是一个潜规则，一些小旅行社往往靠低价组团，吸引消费者，然后靠骗游客购物来填补亏空，这样的旅游团在行业里叫填坑团。毫无疑问，填坑团里，挖坑的是旅行社、导游和商家。那些引诱你购物的游客都是“托儿”，游客遭遇到这种骗局，不妨找机会脱身或悄悄求救。

“低价游”背后的猫腻

徐先生打算带家人外出游玩。看到一家旅行社打出了海南游1180元的报价后，徐先生来到该旅行社咨询，听了工作人员介绍后颇为心动。当一切准备妥当，徐先生来到旅行社签订合同时，却被告知除了要交1180元外，另外还要再交近600元的其他费用。旅行社对此解释说，额外交的这600元包括机场建设费和一些景点门票等必选消费，这部分费用不包含在基本报价内。

对此徐先生有些想不通并提出疑问：广告上为何不提及这部分费用？他认为商家此举有欺骗消费者之嫌。

无独有偶，市民秦先生一家三口参加了一个两日生态游，旅行社当时报出的价格很便宜：一家三口两日之旅总共才300元。可真正来到了山脚下才发现所谓的山，只是一个地形稍复杂的土丘，而瀑布也与他想象中的相差甚远。爬山不过半个小时就打了个来回，沿途的小游戏景点也很常见，如幸运套环、打彩弹，还有踩气球等等，秦先生的孩子直抱怨，还不如在公园过瘾呢！

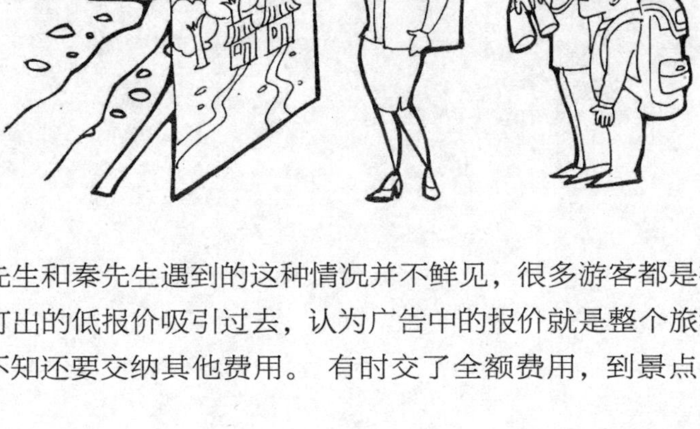

徐先生和秦先生遇到的这种情况并不鲜见，很多游客都是被旅行社广告中打出的低报价吸引过去，认为广告中的报价就是整个旅游的总费用，殊不知还要交纳其他费用。有时交了全额费用，到景点一看，却

发现景观和旅行社当时介绍的相差甚远。

胡先生接到一旅游公司的宣传单，正好胡先生的两个亲戚想去海南旅游，胡先生看到传单上标注海南双飞 4 日游每人只要 1400 元，包括了来回机票、食宿费用和四大景点门票，看到这价格比市面上低，胡先生便打电话去报团。

但就在签订合同时，胡先生却被对方告知，除交纳这些费用之外，还必须交纳 200 元的意外伤害保险费、200 元的杂费，胡先生有种上当的感觉。

火眼金睛

消费者外出旅游要挑选有信誉的旅行社，正规旅行社拥有工商部门颁发的营业执照和旅游部门颁发的经营许可证。其次，要跳出只求价格低、不顾服务质量的怪圈。不能简单地以价格衡量一个旅行社提供服务的优劣，还要看清标价所包含的旅游项目。另外，在与旅行社签订合同时，涉及的诸多细节如旅游日程、交通工具及标准、住宿、用餐等的表述要严谨，以维护自己的合法权益。

旅行社的“小九九”

从济南到海南，如果机票不打折的话，光来回的机票差不多就得三四千元了，而参加旅游团，来回飞机，加上在海南吃、住、玩，最低报价才有1180元，这里面有什么“玄机”呢？

一旅行社的专业人士说，现在飞海南的航空公司和航班都特别多，竞争的激烈使航空公司给旅行社的折扣优惠都已经到了5折甚至4.5折左右，旅行社一般都选择早晚时段不太好的航班，从而价格更便宜。

另据了解，像海南地接社大部分采取与泰国地接社一样的做法，即每个游客只象征性地收上一两百元的接待费用甚至不收游客住宿酒店、餐饮和接团的费用，而是从游客购物和自费项目的消费中提取利润，因而造成海南游目前的超低价。但这样游客一到当地的话，导游就要将游客领到当地购物场所进行消费。

据介绍，像海南游这样的项目，游客一到旅游地，大多要被领到购物场所购买珍珠水晶、游览黎村苗寨、参加某些水上运动等，这都成为导游索取高回扣的方式，相应地，游客的旅游时间被占用，游览时间、项目自然被削减了。此外，由于游客对景区路线不熟悉，旅行社便将部分旅游内容省去；还有的旅行社通过模糊化报景点，实际上很多景点

仅是路过，游客根本没时间游览。

更有甚者，一些游客报名参加国际游线路，明明是冲着一些大旅行社的招牌而去，不料临到出发前，旅行社方面却会忽然变卦，称原有的线路报名不满额，所以不得不和另一家旅行社合团出发，而后者的资质往往不如原来的这家大社。游客不知情，便也只能接受，其实这里面就经常有旅行社的“小九九”——有时候并不是该社没有线路，而是它将游客“卖”给另一家小旅行社，以便牟取更大的利润。

火眼金睛

随着旅游行业竞争日趋激烈，旅行社纷纷压低报价，一些外地游、出国游线路的价格低得吓人，有的报价甚至低于成本。为了弥补损失，旅行社就会把应该包含在报价内的部分费用另行向顾客收取，这种做法逐渐成了一种“行规”。据一位从事旅游工作多年的导游透露，在导游圈内，把旅游团分为“肥团”和“瘦团”，如有些客人爱购物，这是“肥团”，但随着人们维权意识的提高，那些时时要按合同办事的游客，就成了“瘦团”。

冒充老乡赢信任

一下车，导购小姐热情如火地把大家“请”进了贵宾室，又是让坐、又是送茶。然后端来一盘玉器，向大家介绍玉器鉴别的常识和玉器质量的好坏。漫不经心地问了一句：你们是哪儿的？一听说来自福建时，立即眼光发亮，很夸张地说：你们是贵宾中的贵宾，我们的老板祖籍就是福建的。于是，她让添水的小姐去喊老板。

不一会儿，老板来了。他的第一个举动就赢得了大家的好感，他让导购小姐撤去所有的玉器，像老乡见面一样热情问候，并再三交代，大家到他的店里看看就算了，千万不要买任何东西，并说尽管这里的价格比香港、澳门低很多，但这行业利润实在太高了。接下来就是很随意的聊天，他对大家透露了猜不透的商业秘密。他说，就算你们不买东西，我实际上已经赚了你们的钱。大家大为诧异，心想：凭什么赚？他微笑着道出了其中的缘由，他告诉大家：香港、澳门和珠海的这些商店其实是连锁店，赚了钱大家平分。香港是内地游客的第一站，价格往往都抬得很高，不了解行情和心急的游客一般都会下手的；而同样的货品在澳门的价格就低了，一比较，像捡了大金娃元宝似的，买的人就多了起来，大家基本上没有了防范心理。因此，让游客主动把钱掏出来，是我们的生意经。老板这么一说，让大家深受感动。非亲非故，把这些秘密说给老乡听，才感到什么叫乡情，有一种他乡遇故知的感受。

很快，他察觉出大家当中有人想在他的店里买首饰，就把大家带进一间有门帘的房间，交代导购小姐不要让别人进来。这里的珠宝琳琅满目，但标价虽然比香港和澳门低但也没有低多少，比如一款“时来运转”的白金项链，标价为4200元。老板看到大家当中有女子就戴着同样的项链，就问是不是在香港买的，当得知她花了3000元上下之后，就说：贵了。大家说：你这里的标价也不便宜呀。他说这是对外的，我们是老乡，这里同样的货，你们谁想要，我不赚你们的钱，400元拿去。熠熠生辉的项链和低价位的诱惑使大家蠢蠢欲动。几个人一合计，买！而另一边的玉器柜同样热闹，老板很诚心为我们团队中的女性介绍着来自缅甸的玉器，那些玉镯在我们这些外行人看来，确实很诱人，做工精细、色彩美丽，但标价是26800元。经过了香港和澳门的采购，现在把大家的钱全部凑起来恐怕也没有这么多了。老板仍然是热心热肠，要是喜欢，那就1500元，只是这个价千万别对外人说。

这价格打折到了匪夷所思的地步。大家庆幸遇上了充满着老乡情的老板，避免了重蹈覆辙的结局。

同伴中有女人看中了玉镯，往手腕上一戴，增添了女人的美丽和魅力，让男人们羡慕不已。不过，这女人们确实有砍价的本领，她们又套近乎，和老板商量，最后只以1000元成交。大家目瞪口呆，觉得这便宜就像是天方夜谭。

好感觉只持续了一会儿。毕竟这样的价格也让大家产生了疑问。有明眼人告诉大家，你们肯定上当了。这老板和大家非亲非故，真要是翡翠玉镯，照这样的价格他不赔才见鬼呢。这一定是一个温柔的陷阱，你掉下去都不知道自己掉得有多深。

经他这么一说，买玉镯的女人如醍醐灌顶，立即警觉起来，去向老板索要玉镯的证书等有关资料。而此时，老板已经不见了，而营业员也无法提供能说明玉镯质量、重量、产地的证书，只给一张购物发票。这么贵重的东西连起码的证书都没有，这不是欺诈又是什么？那么，大家买的白金项链更无话可说了。

火眼金睛

旅游本来是一件让人们开阔眼界、增长智慧的开心事，只是目前这行业良莠难分。有些旅行社把宰人当成了职业特点，哄着蒙着、吓着、骗着，让人在眼花缭乱的价格中不断地上当受骗。跟着导游，他必定要把你带入充满陷阱的商店，一家又一家，就算你能避开一个两个，但他们相信总会有能让你落下去的陷阱。

出游小心“野鸡车”

在我们出游的时候，经常会碰到一些拉客仔，他们大声吆喝着“就走了”、“价格便宜”的口号，不时将一些不知就里的人拉上车，其实，这就是我们经常说的“野鸡车”。出游当心“野鸡车”，我们从以下几个方面多加注意。

(1)针对结伙乘客玩“文字游戏”

“3位，上哪儿？来，30块钱，上车！”针对结伙乘客，司机以低价用语言游戏欺骗乘客，让乘客以为3个人共30元钱就可抵达目的地，但行到半路时，司机会停车收费，这时就会强调每位乘客30元，无奈下乘客只好交钱。

(2)选择特定宰客对象

司机多以载远道或农村乘客为主，以低价诱导乘客上车，但不拉结伙乘客，车出城不久，便向乘客收取车费，一般要比乘客上车前讲妥的费用高出很多，少则几十元，多则一二百元。

(3)将乘客半路扔下或转手长途客车

以出远途或偏远农村为主的司机，不单独出车，一般有“押车者”同行，同样是以低价将乘客诱上车，行到中途时，向乘客强行索要车费，车费高于正常价格数倍，有时会将乘客直接扔到路上或将乘客推上通往目的地的长途客车，这样就达到了多挣钱少干活的目的。

(4)两地司机“换活”

在长途行驶中，有的司机为了多挣钱少跑道，在中途与对方行驶来的车，将乘客互换，这样两辆跑长途的司机行至一半时，同样收到了全程车费，却只跑了一半儿的路途。

(5)互换乘客后再收取车费

在“换活”的基础上，司机在互换乘客前，预先都收取车费，互换后，司机向转载来的乘客再继续收费，称和对方司机不认识，也没有给他车费，迫使乘客再交车费，达到多赚钱的目的。

(6)强迫乘客就范

有司机针对个别远途乘客，持刀要挟，将车门用锁锁死，将车窗摇臂卸下，将乘客封闭在车后排座，迫使乘客就范，得逞后在下车给乘客开门前，司机先将车牌取下，让乘客无法再找到他们。

火眼金睛

我们只有识别“野鸡车”才能做到不上当，“野鸡车”一般都有如下特征：“野鸡车”为避开交警和客管部门的监管，常沿街兜客，或在客运站场外围兜客。营运车辆严禁超载，哪怕是超载一个人也是违规，凡是超载的车，十有八九是野鸡车。车辆必须携带营运证件，一般置于车头挡风玻璃处，无证、证件不齐或证件没盖章的，极有可能是“野鸡车”。

扫描车站路段骗术

外出探亲或旅游，当您在车站购票或者购物时，请多留个心眼，提防您身边的陌生人所设下的“骗局”。

（1）“好心”的票贩子

以（有熟人或亲戚在铁路部门工作）帮人代购火车票为名将旅客带出售票厅进行敲诈：当您正在售票厅徘徊发愁买不到火车票时，可能会过来一两个人对您说，有熟人或亲戚在铁路部门工作，只要多加一点手续费，就能帮您买到卧铺票。求票心切的您被这样的“票贩子”带到拿票的地方后（多半是人迹罕至的偏僻处），对方会拿出您想要的“卧铺票”，同时要求您马上付钱。您付了钱拿了票后认真一看，才发现只是一张座位票或是站票，然而对方却已经跑远了。

（2）小心“点票子”

当您在车站周边的一些小卖部、餐馆或公用电话亭等处消费后准备付账时，您给的是一张大额的人民币，经营者可能会在第一次找钱时故意少找一两块钱。您一数找的钱，发现少了，对方会把钱拿过去再“认真”地点一遍，承认的确是少找，补上一两块钱再交给您。这时您以为找对了钱，没有再数上一遍就离开了。其实，对方已经在第二次点钱时，趁您不注意，快速从中点走了几十块。

（3）帮你看行李

如果您是一位外地旅客，提着大包、小包正为买不到票发愁时，可能会过来两个人，说能帮您买到车票，要您跟其中一个去拿票。您的行李由其中一人照看。把您带出一段距离后，他就要您在原地等，他独自一个人去找所谓的熟人拿票。可是这个人一去就不回，当您察觉不对劲急忙赶回去时，您的行李和那个帮您看行李的人都已不见踪影。

（4）以假票骗取真票

您在火车站等车时，可能会碰到所谓的老乡或者假称与您同路的人，聊天当中取得您的信任后，再提出想看看您的火车票，您在毫无戒心的情况下，把票给他，但是再回到您手中的就可能是一张已经过期的废票了，因为他在看票过程中趁您不注意已将原来的真票换走。

(5)以招工为名骗取钱财

在火车站周边有一些非法的职业中介机构，您在向其付了联系工作的手续费或保证金后，却得不到想要的工作。

(6)以休息喝茶为名进行敲诈

在火车站周边有一些茶室、招待所经常拉旅客进去休息喝茶，以种种名义或以暴力相威胁收取高额费用。

火眼金睛

车站是人流集中的地方，这种地方，人员身份非常复杂，不少“求财”者就隐身其中，这些人会给我们旅行带来不必要的麻烦。我们在与这些人接触的过程中，一定要谨慎小心，不要等丢了财物再后悔！

第十二篇

伸向汽车的黑手

——汽 车 骗 术

在汽车即将代替匆忙的脚步时，有些人的眼光比汽车的速度快多了，他们赶在你前面，为你设下了一个又一个的卡。

小心职业撞车族

林先生骑电动车在某路上的人行道上逆行，迎面走来两男一女三个青年人，林先生顺势让到路边，可车龙头突然被撞了一下，整个车身失控，左摇右摆了五六米才停稳。“撞人了，还想溜！”身后传来了吼声。林先生以为闯了祸，连忙架好车，问对方伤着没有。被撞女子突然蹲下喊疼，两名男子变得更凶：“逆向行驶，肇事逃逸！”那名女子当众撩起衣服，露出腹部，赵先生一看有一块淡红色印子。赵先生准备带她去医院检查，一名男子上来“打圆场”：“到医院太贵了，你花点钱消灾吧。”

林先生见对方“通情达理”，便将口袋里仅有的 85 元钱全掏了出来，女子收下后对林先生一顿数落：“骑车不守规矩，若是撞到老人，你可要倒大霉了！”林先生连连点头。林先生刚跨上车准备离开，却发现这两男一女飞快地跑了，他这才意识到遇上了骗子。

一辆崭新的奥迪 A6 刚从某酒店停车场开出不足 1 公里，就被一辆桑塔纳追尾，奥迪车主见爱车尾部被撞瘪了一块，指着的哥就嚷道：“你怎么开车的，眼睛瞎了？”的哥见此拿出手机就要报警，这时奥迪车主的随行人员急忙上前阻止，经过一番讨价还价，奥迪车主不仅自认倒霉，还拿出 800 元钱，赔付给本应该负全责的出租车司机。

这是为什么呢？据知情人介绍，近年来，出现了一支很专业的撞车族，他们每天都守候在各大酒楼和饭店，专门盯着那些开高档豪华车的车主，看他们有没有喝酒，一旦酒后开车，他们立即开车悄悄地开车尾随，趁其不注意，故意制造撞车事故，一般都是一些轻微碰撞，这样便于私了，对方也能够接受，不会引起太大麻烦。

孙先生与朋友在某饭店吃饭，出于业务需要，孙先生只喝了两杯啤酒，饭后孙先生开车将朋友送回酒店，车刚开出 500 米，在十字路口等信号灯时，突然被一辆出租车从后面撞了一下，孙先生立即下车，发现出租车正顶着自己车的屁股，还没等孙先生开口，的哥就说对不起，我叫122来处理。

这时，围观人群中有人指责孙先生酒后驾车并说，“算了吧，酒后开车，警察一来就不好了”，一位好心人也劝解道。孙先生想想也是，狠狠地瞪了那个的哥一眼，准备开车离去，谁知的哥死活不让孙先生离开，非要等交警来处理。他称这起事故的确是他负全责，但自己是二驾，车撞坏了不仅不能做生意，而且也无法向车主交代。再说事故不经过交警处理，保险公司也不赔偿。孙先生如此窝囊的原因就是酒后开车。为了尽快走人，孙先生只好提出私了，最后孙先生赔了的哥修理费和误工费600元后，才得以脱身。

这是一个精心设计的骗局，专门敲诈那些酒后驾车的，干这种事情的大部分是一些开出租车的“老油条”，晚上他们一般都将出租车停在一些大酒店门口，看似与普通出租车一样在门口等客，实际他们专门注意那些酒后驾车的“猎物”，一旦喝酒开车，他们就会立即跟上，趁其不注意，故意制造追尾撞车事故。

火眼金睛

为了有效地打击这些职业撞车族，希望那些喜欢喝酒的朋友，不要酒后开车，否则也有可能成为“职业撞车族”的“猎物”。同时也希望自认倒霉的司机，不要随便私了，勇敢地面对公正司法。

别被二手车低价忽悠了

王先生在一家电脑公司工作。自年初以来，他开始留意各款车型，准备买一辆轿车。经过权衡，他发现奥迪车比较实用，但几十万元的高价格却让他望尘莫及。于是，他开始留意二手奥迪车的信息。

某天，王先生在百度搜索引擎上输入“奥迪 A6 1.8T”几个字后，页面上马上显示出无数个低价二手车的网址。他随手点开一个，看到这样一条信息——“本公司廉价出售一批二手轿车，奥迪 A6 1.8T/5 万，帕萨特 B5 1.8T/3 万……手续全，可办牌，包送货。有意者欢迎来电洽谈，联系电话：×××，李先生。”

王先生马上打电话找这位姓李的“销售商”询问，“销售商”则很热情地介绍了价格，并说最近有一批车要运到，如果能定下来的话，就一起将车送过去。“销售商”解释说，这是一批海关罚没的车，所以价格很便宜，还说他们包上牌照、包办手续、可送货上门，但送货须先交车款 10% 的订金。

第二天中午，“销售商”打电话来问王先生：“今天往你们那边发一台‘奔驰’车，如果真的想要的话就先交 3500 元订金，也好顺便给你捎过去，晚上就可以见到车。”

王先生马上到银行将 3400 元（扣除 100 元手续费）转账至“销售商”指定的账户里。汇完钱后，王先生以为晚上肯定就能见到心爱的奥迪车了。但当晚“销售商”又打电话给王先生说：“车已经到了某某地方，在看车之前，必须交车款的一半才能看车。因为是走私交易，大家都没见过面、没打过交道，这样做是为了保险起见。”

王先生当时很气愤，他反问道：“不是说好的，付完订金就看车，我现在付了这么多钱连个人影、车影都没见到，你怎么还要我再付钱？起码你应当让我看到人，要不我就不要车了。”“销售商”则将了他一军：“不要车可以，但订金就没了。”

听到这里，王先生急了。经过讨价还价，“销售商”同意他再转 1.5 万元到指定的账户里。汇完钱之后，王先生等了很久，仍没见到车，便打电话催问。没多久，“销售商”回电话说车现在在某某汽车交易市场门前，让他马上去取，然后和他们一起去办过户手续。

王先生立即乘出租车到汽车交易市场，但左等右等，却不见有人来。这时王先生再次给“销售商”打电话，可对方的手机已关机了。就这样，他的近1.84万元购车款白白被骗走。

火眼金睛

现在很多人利用这些所谓的利益空间诱惑大家，大家稍不留意就会上当受骗。虽然很多车辆在网络交易平台上以极其诱人的低价出现，但买家却寥寥无几，网友大多持观望态度。汽车类商品价格比较高，如此低价确实诱人，但是也会让人对车辆的来源及车况产生怀疑。作为提供交易平台的网站应对此类信息进行确认，尽量减少消费者的损失。

离奇的异地交通罚单

郑先生收到一封从外地寄来的挂号信，打开一看，是某市公安局交警支队开出的“交通违法通知书”。罚单上列出郑先生的轿车“不按交通标志行驶”，罚款200元，于15日内到某交管部门接受处理。

罚单上还写着，车主可通过邮局汇款缴纳罚款，另需支付邮政服务费14元。根据规定，到期不交罚款的，每日按罚款额3%加处滞纳金。

郑先生十分奇怪，因为他从没开车去过罚单上所说的地方。郑先生结交广泛，经常把车借给朋友，他想，也许是哪个朋友到过那。当天，他到邮局按罚单上的账号汇了钱。

过了几天，郑先生打电话询问借过车的朋友，但大家都说没去过他所说的地方。

于是郑先生拨打罚单所留的查询电话，没想到，电话中传出的男声竟说一口的广式普通话。对方探知郑先生汇了款，“指点”一番后挂断了电话。

此后，郑先生托朋友向交管部门查询，得知并无交通违法记录，这才明白收到的是一张假罚单，遂报警。

火眼金睛

目前对异地交通违法的处罚，交管部门的确采用寄罚单的方式，车主也可通过邮局汇缴罚款。由此而生的新型骗局值得警惕。车主如果怀疑外地寄来的罚单有诈，应向当地交管部门咨询，也可向省交警总队求助。各地交管部门有违法处理窗口，车主可以通过公安网查询到车辆在外地的交通违章记录。

别上抵押车的钩

在某工厂打工的杨先生揣着辛辛苦苦打工赚来的几万元钱来到二手车交易市场圆自己多年的爱车梦。当杨先生走近一辆二手奇瑞车前时，一名瘦高个男子立即迎上来与他攀谈开了。在该男子的花言巧语之下，杨先生有些动心了。试了试车辆的性能，并查看车辆的原资料后，双方进行了讨价还价，最后以43000元谈成了价格。但在办理车辆过户手续时，该男子似乎好心地坚持自己一个人去办理，叫杨先生看着车等一下就可以了。

不久后，在看到该男子拿来的车辆行驶证、登记证书等有关资料姓名一栏全变成自己名字的那一刻，杨先生别提有多开心了。随后双方一手交钱一手交货完成了交易。买来车辆后的几个月，由于杨先生尚在考取驾驶证，所以也就没怎么开出去。当他看到征缴养路费的消息后，他来到了公路局交纳养路费，但当把车辆的行驶证等有关证件递给工作人员时，却被告知行驶证、登记证等都是假的。杨先生一听傻了眼，随后急忙到派出所报了案。

杨先生携带所有资料来到市交警支队车辆管理所查询原车主信息。经查，车辆管理所确实有该车资料，该车属于在银行贷款的抵押车，车辆产权属贷款银行。

火眼金睛

目前，二手车交易市场内均有车管所民警驻点。尤其是刚买车的新手，要注意在交易二手车时，应仔细查验资料真假，并同卖方一起到交易窗口办理过户手续，如有可疑处，应找市场内车管所同志咨询，只有这样才能购买到您称心、放心的车。

警惕车贷零首付圈套

目前，一种"零首付"信贷方式悄然流行开来。按照汽车信贷领域的有关正规操作，除了个别银行获准将首付降至10%以外，大部分金融机构所能容许的首付款仍然保持在20%，但目前打着"零首付"旗号的汽车经销商却随处可见。

事实上，"零首付"信贷方式所带来的灰色收入已成为众多经营不够规范的中小担保公司以及一些具备担保资格的汽车经销商们争食的美餐。

所谓的"零首付"实际可以分为"小零"和"大零"两种方式。"小零"就是贷款人只需要缴纳车辆购置税、保险费、验车上牌费等相关费用，车款一分钱也不用支付就可以把车开回家；而如果采取"大零"的方式，那么贷款人连上述相关费用都不用付，就可以把车开走。对于这种违背银行政策的行为，担保公司或是具有担保资格的经销商又是通过怎样的操作而使其"合法化"的呢？

其实很简单，只要通过"反推"的方式，虚增车价，然后再向银行开出一张假单据就可以搞定了。以"小零"为例，假设一辆车的价格是12万元，如果按照正规操作首付20%计算的话，只要将车价写成15万元，消费者就可以轻松获得15万元 ×80% =12万元的贷款，而"首付"的3万元则根本不用贷款人担心，经销商早已在内部协调好了。

据估算，担保公司或者具有担保资格的经销商以上述方式每卖出一辆车，从中得到的灰色收入就可高达车价的12%。

这意味着，如果消费者以零首付的方式贷款购买一辆10万元的经济型轿车，就要额外付出1万元左右的“附加费用”。对于银行而言，这种和政策打了“擦边球”的欺骗行为无形中也加大了贷款收回的风险，这也正是扰乱汽车信贷市场的症结之所在。

火眼金睛

不少消费者对“零首付”很感兴趣，不少精明的消费者也明白其中的“玄妙”，清楚每月月还款自己是吃亏的，宁可每月多还一点，也不愿意一下拿出几万元首付。对于广大消费者而言，“零首付”的方式可以缓解一时的经济压力，而且“不用花钱就能开车“的感觉确实好极了，但殊不知精明的商人却能从中赚取一大笔担保费用之外的“灰色收入”。

购车谨防落陷阱

一

经销商纷纷降价，并且推出了送装潢、送油票等优惠措施，希望能够促进汽车的销售。一些消费者也开始动心，准备在低价时选购自己心仪的爱车。我们在这里要提醒消费者，在汽车保险、定金、降价补偿等方面要留心，小心不良经销商的种种陷阱。

(1)小心车商暗扣保费

王先生去年在某经销商处购买了辆新车，由于嫌保险麻烦，就把办理保险的事交给了经销商，按照要求缴纳了3年的保费。天有不测风云，王先生的爱车出了车祸，可当他找到保险公司要求理赔时，却被告知自己只缴纳了一年的保费，事故发生的时候已经超过了保险期限，因此不能理赔，王先生才知道自己的两年保费已经被经销商给吞了。类似王先生的悲惨遭遇并不少见，因此消费者要小心经销商私自扣押保费的行为。委托经销商代为上车险的消费者可以通过电话向保险公司查询确定自己的爱车是否已经及时上保，另外也可以自己直接向保险公司投保。目前各大保险公司一般都对通过电话和网络直接向保险公司投保的客户给予一定的优惠。

(2)定金、订金要分清

现在市面上的新车多，李先生买车时也有点挑花了眼。后来在一家经销商处被说得有些心动，再加上售车小姐再三保证可以退还定金，就稀里糊涂地缴纳了10000元定金。可一个星期后，李先生又改变了主意，决定改买其他车，当他想取回那笔钱时，却遭了当头一棒："我们当初写的可是定金，不退的，白纸黑字，您看清楚了！"

定金和订金，两个词一字之差，却有着天壤之别。法律上规定，在合同履行后，定金应当抵作价款或者收回。给付定金的一方不履行约定合同的，无权要求返还定金；收受定金的一方不履行约定合同的，应当双倍返还定金。而订金与定金的意思大相径庭，合同中，如果写的是订金，一方违约，另一方无权要求其双倍返还，只能得到原额。

(3)降价补偿别轻信

看着各个品牌的车价纷纷跳水，吴小姐始终举棋不定，怕自己刚买车价就跌了。可没多久就有经销商打出了"降价补偿"的大旗，吴小姐于是狠狠心买了车，并约定如果半年内该车降价了经销商就将差价如数奉还。可还真是倒霉，不到半个月，吴小姐的一个朋友买了同样的车却便宜了10000多元。这下让吴小姐很难接受，怒气冲冲找到经销商要求补偿，但吴小姐得到冷冷的一句话："我们说的是如果厂商降价，我们才补偿给你，现在价格便宜只是我们在让利促销，不算降价，当然不能给你补偿。"

在车价频频下跌的时候，降价补偿确实是一个很具诱惑力的字眼。但经销商不是傻子，他们知道厂商降价的机会不大，而实际的车价确实自己说了算，浮动的幅度很大。因此打出降价补偿的牌子只不过是个噱头罢了，把你骗进展厅内，剩下的事就好办了。

（4）地下室提车

赵先生花了大价钱买了辆进口车，在提车时被告知到经销商的车库去验车。车库位于地下室内，没有开灯，光线很昏暗，赵先生拿到钥匙后稍微看了看外表就把车开走了。可没过多久在保养时，赵先生才发现车子的发动机上锈迹斑斑，似乎受到了很严重的侵蚀。赵先生向来对车保养得很好，他相信不可能是自己的原因造成的，而经销商也一口否认自己的过失，双方陷入了漫长的争吵中。

消费者购车时要认真仔细按照交接所列内容逐项进行验收，确实没有问题才能签字。一旦用户签字后发现瑕疵，有些质量纠纷很难分清责任。

（5）二手车以次充好

张先生去二手车市场买了辆旧车，车虫再三向他保证车子过去没发生过什么大碰撞。但后来一次维修时，维修人员告诉他这辆车的发动机上有个很深的凹痕，一些关键部件也不是原装的，因此可以很肯定的判断这车发生过重大的事故。二手车市场交易由于鱼龙混杂，质量很难保证，因此不是很懂车的消费者买旧车时最好还是带上个懂车的朋友一起去看看，以防止被骗。目前国内不少城市正在争取实行一种车辆"病历卡"制度，让车辆的每次维修都能记录在电脑上，当消费者购买旧车时，只要输入旧车的车牌就能知道该车的修理情况，充分保证旧车的质量。

（6）偷梁换柱

消费者缺乏基本的汽车知识，甚至对所选购车型缺乏了解，这一弱点常被车商利用，从中牟利。某车商知道张先生对车辆基本配置不清楚，于是把一辆基本型轿车稍做改造当作豪华车型卖给他，从中牟利近7000元。个别不良车商甚至将汽车内部配置价格较高的配件偷换为价格便宜的产品。

购车者应选择规模较大的汽车专营店或大型汽车交易市场，它们较为专业，可信度高，很大程度上可避免上述情况的发生。

(7)低价为幌

经销商用低价车做幌子，尽可能地扩大车价范围，重点卖高价位车，以此坑骗消费者。 李某到汽车市场看车，对某款新车情有独钟，最低售价仅2. 98万元。 但该车既没收放机，又无空调，配置又低。她再三权衡，终于以不菲的价格买了配置较为齐全的该车型。

购车者应想好自己要花多少钱买车再去车市。 否则，极易中厂家的销售花招而一次一次地提高买车标准。

(8)优惠注水

不良经销商赠送的装饰大多包含水分，其实际价值往往在经销商宣传的标准上大打折扣，以次充好。

一些汽车经销商赠送配置号称进口或优质产品，其实是一些质量极为低劣的廉价产品。 将普通的贴膜、地胶、皮椅等价格翻番，以“购车赠送 × ×元豪华装饰”诱惑消费者。

消费者在选购这些有“大礼包”赠送的车型时，应该首先向比较了解市场行情的朋友咨询一下，或者亲自去汽车装饰市场看看这些“礼单”上的东西到底值多少钱，之后再做选择。

(9)炒作概念

有些厂商为制造卖点蓄意炒作，大打新概念的牌子，动不动就标榜“技术创新”、“与世界同步”。 销售人员推荐车型的时候，极力鼓吹该车的ABS、家庭影院等各种配置如何先进，老王便爽快地下了订单。最后一问别人才知道，像ABS这种配置几乎所有的车上都有，根本不是最新配置。 别只听销售人员忽悠，多请教专业人士，多看看报纸上的信息，多去车市看看，做到对汽车市场和汽车产品心里有数。

火眼金睛

买卖双方平等自愿，这是对的。但当你发现上当后前去理论时他奉献给你一句“周瑜打黄盖，一个愿打，一个愿挨”，你会有啥感觉？你的选择权力是神圣而至高无上的，要好好把握。选车有时限，但也不能速战速决，要珍惜手中的权力，留给自己充分的思考时间。

汽车维修猫腻多

目前，国内轿车市场已进入“汽车后时代”，也就是说，厂家虽然依靠价格战抢占市场份额，但要赚钱还得靠售后服务，靠维修、保养赚钱。由于利润向售后市场转移，汽修厂、4S店在汽车维修、保养环节的花招和陷阱也越来越多。

(1)配件以次充好，滥竽充数

最常见的是用副厂部件冒充原厂正品部件，用旧配件冒充新配件等行为，这在一些小型非正规、不讲诚信的汽车修理厂里，早已是公开的秘密。副厂配件和正品零售差价高达10倍，且用副厂部件冒充原厂正品部件，一般消费者真假难辨。另外，一些路边店或维修厂会将前辆维修汽车更换下来的零件冒充新零件使用。

车主应要求修理工出示配件代理公司的发票，这样就可以知道该配件产自何地。另外，消费者还可以自行向配件代理公司购买零件，再交给修车厂更换。如可以当场维修，维修工修理时车主最好别走开，尽量避免将车停在修理站太长时间。

(2)毛病夸大，小修大整

车子只是个小剐小蹭，可维修厂以“可能有内伤”为由，建议车主做全身检修。或者为获取不当利益，把一个小零件的问题放大，说成是整个系统的问题。

买了新车定期要到4S店保养，这是每一个车主都要经历的事。而到4S店保养时，工作人员往往会“提醒”车主，最好把机油、“三滤”换了。车主如抱怨油耗太高，4S店还会“建议”更换火花塞、清洗气门和喷油嘴，有的还会要求更换刹车片、轮胎等等。当然，这些项目都需要车主自费，且价格不菲。

而事实上，火花塞一般可使用3万~6万公里，轮胎的使用寿命一般是6万~8万公里左右，机油（除非变黑）也没有更换的必要。消除发动机积炭、清洗气门和喷油嘴等项目，除非已经行驶了数万公里，对于电喷发动机来说，基本上没有必要，经常清洗反而会使发动机的气门油封等橡胶件加速老化。

最好的办法是将车送往原出售的代理商处检验。此外，还有一个笨办法：货比三家。多到其他修车店问问，各家店说法不一，就算有个别店骗人，但总会露出马脚。此外，车主应多了解自己驾驶的车辆，多了解一些常见的汽车故障，才能知道问题是否属实，或者向自己懂得修理汽车的亲友询问问题之所在才去修理。

(3)先斩后奏,趁火打劫

修车厂在修车的时候，并不说明车子有哪些毛病，在交车时才说明做了哪些修理，当然这个时候，账单价格不菲。

假设你要进行发动机维修，谈好是1000元工时费，结果最后结账时，维修人员会告诉你，拆排气管需要多少钱，拆气门需要多少钱，把本来不应该收费的项目也变相强制收费，或者强制换掉，把本来应该修复的也强制换掉而不去修复。还有多报工时费，比如，更换减震器，假设工时费需要120元，但会在打单时打上150元，尤其是在维修项目多时更会如此操作，车主一般很难去仔细核对这些收费项目。

先斩后奏是维修店一种惯用手法，修理行业内部俗称“打闷包”。在修车时并不说明有哪些问题，在交车时才说检查发现还有些什么问题，已经一并修复，而账单往往把人吓一跳。

火眼金睛

有些维修厂会耍这种“木以成舟”的小聪明。因此,车主修车前一定要问清楚有什么问题,可能会更换什么零部件,收费多少等等。要根据维修单上所打项目仔细核对公开的工时费报价,更要有简单的汽车知识。维修项目多时,要仔细审核工时费项目,审核工时费标准收费依据。对于多报的维修项目,需要车主了解问题是不是真实存在,自己感觉所换掉的零件是不是真正需要更换或者维修。

汽车也享受退税

卢女士有一辆桑塔纳。有天她接到一个电话，对方是个女的，自称是税务局的工作人员，问卢女士是不是有一辆汽车，牌号是×××，卢女士回答是的。对方又问，你是不是姓卢，住在某某地方，卢女士也说是的。

然后对方就问卢女士："你有没有收到一个退税通知，国家汽车税率下调了，2006年以前购买的车子，有一部分钱可以退还，退款的截止日期是×月×日。"对方告诉卢女士，"因为你迟迟没去领这笔退款，现在这笔钱已经退回到了国家税务总局。"

卢女士问："有多少钱？"对方说："有4000多块。如果你想领回这笔钱，可以与国家税务总局联系，电话是……"

卢女士拨打了这个电话，卢女士把车牌号码一说，对方很快报出了卢女士的详细信息，说是有这么一笔退税。

"你报一个账号，我们好把钱转给你。"

卢女士就报了一个农行的账号，对方又问："你有没有建行的？"卢女士又把建行的账号告诉了她。她还问卢女士有没有工行的，卢女士就又报了一个。

问完账号后，对方又问卢女士："你卡里有多少余额，有没有一万元？如果没有，请从其他卡里划一万元到这几个账户中。""既然要退钱给我，干嘛还要我往里面打钱啊？"对方回答说："国家税务总局要确认你的信用度。"这个时候，卢女士在电话里听到他们在与另外一个车主通话，在说密码什么的，当车主没配合后，他们的态度变得很差。

卢女士这才知道自己上当了，可恶的是连国家税务总局都被搬出来了。

不法分子诈骗的步骤通常是：第一步，以短信或电话的形式告诉车主，汽车税率下调了，以前购买的车子有一部分钱可以退，引诱车主到ATM机上进行转账。第二步，以核实车主的信用度为由，要求消费者提供存款余额数目（不法分子以此判断可以诈骗的额度）。第三步，要求车主按要求输入一组号码（有说是金融识别码的，实际上是不法分子的账号），再要求输入另一组号码（也有说是流水号、密码的）。当车主按完确认键后，卡里的钱就被转到了不法分子的账户，随即便被取走。 据了解，不少车主的个人资料，许多来自于汽车4S店。

火眼金睛

我国确实有退税这一政策，简单地说，就是把企业已交的一部分税收退还给企业，主要是为了鼓励出口、扶植高新软件行业和民政福利企业等。但消费者买车时，交纳的是车辆购置税，除了车子上不了牌照、退车这两种特殊情况下可以退税外，其他情况，包括税率下调，是不可能享受退税待遇的。

第十三篇

伸向房产的黑手

——房产骗术

当“吾庐独破受冻死亦足”的人越来越少时，我们不得不打起十二分精神面对如今的暴利房产业。

钻“拆迁”的空子

苏大妈和苏大爷身体都不好，每个月就靠苏大爷1000元出头的退休金过日子。他们老两口天天为拆迁买房的事情发愁。

某天她和老伴苏大爷正在门口站着，突然一个中年男子过来搭话，说自己叫刘某，曾在苏大爷单位开过车，身患脑血栓的苏大爷也想不起来有没有这么一个同事。该男子说自己现在负责这片房子的开发，看在老同事的份上可以帮忙。

他说：“不瞒您说，管开发的拆迁局长就在附近……”

接着一个夹着包的中年男子走过来，刘某说：“这位就是拆迁局长。”苏大妈就把他俩请进了屋。俩人进屋后丈量了苏大妈家的房屋面积。交谈中刘某还和大妈攀上了老乡。刘某说：“只要局长说句话，我们就可以把自建房改成私产房，就这么一改能多得10万块，但你们必须先给2万块钱打点。”

苏大妈家只有2000元钱，是攒了半年准备买冰箱的钱，就全给他们了。他们拿了钱就慌慌张张地走了。看到两人慌张的模样，苏大妈隐隐感到像是被骗了，随后，苏大妈和老伴赶到开发商办公的地点，一打听根本没这么两个人，于是赶忙报警。

火眼金睛

陌生人给予特大好处时，往往暗藏着不可告人的目的，对于拆迁这样的政府行为一定要根据政府的规定进行，不要相信个人行为。近几年房屋拆迁较多，居民对于拆迁补偿、买房的要求增加，很多骗子便看到了这一“骗机”，借此实施诈骗。对于房屋拆迁等事情，政府部门必定要事先通知被拆迁户，群众不能相信一些人的造谣惑众，对于政策性的东西也不是某个人能转变的，所以群众要想知道相关拆迁的事情，最好到相关部门去咨询，防止上当受骗。

楼盘“假热销”惯用手段

中国人买东西向来有跟风凑热闹的从众心理，因此一听说哪个楼盘观者如潮，或者几个人抢一套房子，说实在的，对想买房的人来说想不动心都难，当然其前提是与自己理想中的地段、价位大致相符。正因为抓住了消费者的这种盲从心理，开发商、代销商们才有戏可演。下面就罗列几个他们惯用的招数，以警示各位。

(1)内部认购探虚实

在楼市沸腾之时，房产商卖房也烦恼，方方面面的人托关系讲人情，不是求托儿降一点价，就是近水楼台抢个内部认购从而不必舟车劳顿去日夜排队。由此衍生出新楼盘开盘前的一种销售手段——内部认购。在待售项目尚未获得预售许可证的情况下，先行发售楼盘购买资格，这种缺乏保障的卖楼花，虽然后来被管理部门明令禁止，但是至今仍然流行。

(2)制造饥渴感

使用这种方法时，在房子数量的推出和价格的制定最关紧要，前者关系到售楼进程的快慢，后者决定了售楼利润的厚薄。一般常用的策略是推出总量的四分之一或三分之一。而且，这里面所推单元也大有讲究，通常的做法是拣最差的房型和楼层先出手，这样一方面可声称那些好的单元已经“名花有主”，即所谓的“制造饥渴感”，另一方面还可以避免这些“丑女”到最后“待字闺中”。当然，这其中也要混杂一些好房型，否则会造成目标客户的流失。

(3)房托造市花样多

关注房地产市场的消费者心里都明白，为制造人气、烘托气氛，避免出现冷场，有的楼盘在开盘时会到外边雇用一些人来充当买家，这就是我们常说的房托。

当你来到一个热火朝天的楼盘销售现场，看到一堆人挤在楼盘的模型旁边装模作样地说“这个楼盘好啊，住在这里好，有小学，环境又像公园”。或者在看房巴士上遇到不少业主和买家都在互相交流说自己这房子买得好、买得值的时候，那你就有可能是遇上了楼托儿了。尤其在长假期的时候，楼托儿的重要性更大。买家在拥挤的楼盘现场，看到一个个托儿抢着下订单的时候，从众心理、怕“认输”的心理，使得买家马上加入抢下订单的队伍。

(4)销售气氛迷惑人

现场道具和售楼气氛的营造也很重要，比如：业绩示意图上要伪装得一片红色标识代表已售单元。问销控台：“请问某某号还有吗？”那边售楼专案响亮地回答：“对不起，某某号已被订走！”如此三番五次且表情丰富地一唱一和，搞得购买者很紧张，那些心理素质欠佳者就会暗自着急：“卖得不要太好噢！赶快下单吧。”就这么一不小心，口袋里捂得热乎乎的一叠钞票就溜了出去。

(5)网上成交数据有玄虚

现在开始流行起了网上售房，数据全公开，你以为难作假，但有些数据看了也没用，要具体分析，有些不良开发商弄虚作假自有一套。如某楼盘8月份开盘就宣称卖光了，但是打开销控表你就会看到实际签合同的只有10套左右，3套没卖掉，其他都是预订，而预订的也算是成交的。不要搞错，实际上到现在还是预订，那么什么时候才把合同签了？这实际是在有意制造紧张空气。到底卖掉多少绝大部分都是值得商榷的，如某某花园，原来好像是7月份就开始销售，卖掉几套，但后来觉得8月份卖得太少，就把7月份的拉掉，放到8月，而就算这样，你去销控表看看，号称已经卖掉大概70%~80%，但实际签掉的合同也只有几套而已，但撤消的倒有30套，现在销售商就利用预订及交定金也算是卖掉来装装门面。

火眼金睛

大部分购房者在买房时都想买到一处各方面都让自己满意的房子,这是在一种完美状态下的结果,实际上没有最好的房子,只有最适合你的房子。如何选购最适合自己的房子呢?

买房是为了自住还是投资?是为了过渡性居住还是长久居住?能够满足家庭人口需求的建筑面积是多大?房间需要几间?要不要工人房?购房预算是多少?是为了满足居住功能还是为了提高生活品质?是为了孩子读书还是安排老人养老?在能接受的价格范围内,最能满足你主要需求的房子就是最适合你的房子。另外我们要考虑到的是:开发商的品牌;片区规划;小区的公共配套环境;户型特点;物业管理能否为你的物业提供后续增值服务;看看样板房能对户型的可变空间做个了解;一定要上去看看清水房,实地感受一下房子的内部及外部空间和施工质量。

合同也可分阴阳

所谓“阴阳合同”，是指业主和租户双方为达到避税或其它目的，向有关部门登记时用一张合同，通过少报租金或少报面积的方式，降低租赁合同标的，报低租金少纳税，称为“阳合同”；业主与租户另签一份合同，作为实际支付租金的合约并实际履行，称为“阴合同”。

丁先生做专业美发设计，他决定到某地开一家专业美发店。正好一家美发店欲转租，40 平方米的商铺每月只需 4000 元租金，丁先生二话没说就与业主唐先生到房屋租赁管理所签约。但丁先生发现，不知对方是有意还是无意，在填写“出租方”一栏时，业主却写上了妻子张某的名字，而“承租方”填上的也是该美发店过去一个租户的姓名。

丁先生立即对此提出异议，但业主唐先生称，这样就不用重新更换营业执照，可以为丁先生省去一笔钱。“租赁合同“约定，某月某日开始交付使用，业主交付商铺时，可以向丁先生收取 3 个月租金数额的租赁保证金，即 1.2 万元。该合同还约定出租方负责支付租赁房地产所用土地的使用费及基于房地产租赁产生的税款、房屋租赁管理费。

办完手续，商铺交付使用，丁先生满心欢喜地对商铺进行装修，并购置了各种专业美容美发设备，前后花了 10 多万元，丁先生准备开业时，业主唐先生突然提出要重新签订一份“租约”，丁先生发现这份早已拟好的合同与正式的租赁合同完全不同，月租金突然涨到了 1.4 万元，而且从某月开始，租金又涨至每月 1.42 万元。合约还要求“租用期间的税费包括出租税都由丁先生支付”。这次出租方的名字写上了真正的业主唐先生。按照这份合同，本应由业主承担的税费全部转嫁到了丁先生头上，三年租期下来，丁先生应当交纳租金为 50 多万元。

丁先生算了一笔账，如果按照正式的《房屋租赁合同》，承租三年租金不过 14 万多元，比私下约定的少 36 万多元，如此算来，逃避的这部分税是相当可观的。

丁先生最后同意签订这份合同，他考察过附近的商铺，每月 1.4 万元租金按当时的市场行情也不是很贵，虽然业主欺骗自己，但自己为装修店铺已花了10多万元，1.2万元保证金也已交给对方，如果不签，恐怕会血本无归。而且业主唐先生称这样做只是为了少缴税，因为月租超过4000元，税金更高。

火眼金睛

同一套房子两个合同，两种租金，势必给可能产生的纠纷带来严重后果，公证合同不能是不同的两个文本，否则就是无效的，而双方实际成交价与合同不符，以后如果产生纠纷的话，会造成很多不必要的麻烦。

所以我们在签订合同时，应考虑以后发展的长远利益，不要在不明就里的情况下就进行投资，免得想后悔都没有机会。

主客通吃的黑中介

替客户卖房子1套就赚了12万元“佣金”！而当时他所在公司的售楼提成是0.4%，正常情况下，12万元他需要卖出300套房子才可能赚到。1与300的等式让人诧异，秘密是什么呢？那就是帮客户炒期房。客户想70万元卖掉，报高一点卖给下家，差价加佣金有这么多也不稀奇，这种一手进一手出的做法早已是业内公开的秘密。

曾几何时，这股差价风也悄悄刮进了二手房市场。“实在是太让人气愤了，我花65万元买的二手房，原本房东的挂价竟然只有60万元。”刘先生在电话里语气很激动，说他遇到黑中介，被坑了5万元，“希望其他买房人能多长个心眼。”

这并不是个例，王小姐也深受其冤。王小姐看中了一套挂牌价23万元的小户型，虽然价格并不便宜，但位置比较理想，她感觉还不错。看房和签约的时候房东都没有来，房产经纪人告诉她，房东是做生意的，在外地，所有事情由中介公司全权代理。在签合同的时候，这位中介还好心地提醒她，合同上的成交额可以少写点，这样可以少缴些税，于是23万元变成了18万元。

办理产权的时候，房东无意间的一句话，让王小姐起了疑心。 真相让人吃惊，原来，这套房子，房东就是以 18 万元托付给中介公司卖的。 “好心”的中介不仅赚了下家的佣金，还吃进了上家的房款。

火眼金睛

黑中介主要从以下几种方式赚取差价：二手房交易中买房人需要承担的除了房款之外，还包括契税、印花税、综合税和中介代理费等，其实这些都是有明确基率的，但是如果买房人对这些不熟悉，那么一些中介就不会主动把各种费用的明细都列出来，而是会报给你一个“包含所有费用在内”的总价，而这个价格往往比实际价格高出几千元。最常见的一种是“背靠背”，就是说与卖家签订“代理协议”以后，包括看房、谈价、签约，买卖双方都不见面，中介就利用这种代理关系，将房价标高出售，差价就放进自己的腰包。与前面两种相比，这也是利润最大的赚取差价的方法。

有些房子不能买

不少打算购买房子的人都认为，房子和其它商品一样，只要付了钱，就可以拥有自己的住房。其实不然，只有合法进入市场的房产，才能进行市场交易。否则，你用自己辛苦积攒了一辈子的货币资金，一不小心去买了一套不能作为商品的房屋，没有取得房屋的产权，就会使自己的利益受到损害。在此，我们提醒大家谨慎购房，千万别贪一时便宜而吃大亏。

第一种：联合开发房

这是由有钱无地的房地产开发商出钱，有地无钱的企事业单位出地联合开发的房地产项目。建成后，开发商一般是将自己分得的那部分房产面向社会出售，但按国家规定，这类房在未履行政府审批手续、补交相应地价款和办理相关国土手续前，是不得作为商品房出售的。

第二种：公益联建房

这是由地方政府或本系统本单位组织领导，市民自愿参加组成的住房“合作社”，为解决“社员”住房困难而进行的合作建房项目，当新建房子有一定剩余时，而向社会出售。由于这类房屋具有公益性质，享有不少优惠性质，所以按国家政策规定，也不能作为商品房出售，一旦购买，日后难以进入三级市场。

第三种：集资合建房

这是房地产开发商与市郊城镇及村民以集资建房、联合开发，或小城镇建设等为名，利用村集体的土地在城郊进行房地产开发项目。需强调指出的是，此类房大都没有办理土地出让手续，也未办理土地征用手续，这类房屋买卖行为肯定是无效的。

第四种：集资联建房

这是房地产开发商与市郊城镇及村民以集资建房、联合开发，或小城镇建设等为名，利用村集体的土地在城郊进行房地产开发项目。需强调指出的是，此类房大都没有办理土地出让手续，也未办理土地征用手续，因此，如果购买这类集资合资的房屋，按国家有关规定，这类房屋买卖行为肯定是无效的。

第五种：非法开发商

一些未经批准，不具有房地产开发资格的单位，通过非正常渠道谋得土地而进行的房产开发，由于其没有房地产开发资格，因而也就无法办理土地征用手续，没交纳土地出让金，贪图低价购买这类房的风险是极大的。

第六种：限制权利房

这是指司法机关和行政机关已依法裁定、查封或以其他形式限制房地产权利的房子。 一些购房者贪图便宜，采用私下交易的方式买房，由于难以掌握卖方真实情况，结果往往上当，叫苦不迭。

第七种：郊区联建房

开发商为了降低商品房建设成本，在市郊低价征地开发形成的商品房，这对购房资金短缺的居民来说，本应是一个较好的选择，但由于个别开发商项目开发不规范，且管理不到位，社区环境极差，设施严重缺乏，交通极其不便，却通过虚假广告，打着“低价”的幌子蒙骗购房者，这种“低价”，这种“便宜”，购房者是不应去捡的。

火眼金睛

由于这些所谓的便宜房或没有履行正常的土地出让手续，或属于不规范开发，故一旦消费者购买了上述房屋，是得不到房屋产权证的。对于消费者权益的保护和将来房产的归属及交易都面临着极大的困难。老百姓要买便宜房无可厚非，但在市场经济条件下，商家任何“优惠”、“便宜”都不可能是白送的，都有内中一定的原因，因此买便宜房一定要弄清便宜真正的原因，大家在购买时，一定要慎之又慎，最好不买。

朦胧房产广告蒙人术

一项调查显示：90%以上购房者对楼盘的第一印象来自房产广告，因此，房产广告的影响力不容小视。正因如此，不少房产商也习惯于在广告中，用一些极具诱惑力的字眼，将楼盘描绘得天花乱坠，以吸引市民目光。然而，不少购房者看了诱人的房产广告后，兴冲冲而去，却非常失望而归。具体来说，房产广告的虚假主要在以下几个方面：

整体形象夸大宣传。不论楼盘"身"在何处、绿化如何，广告单均宣称"黄金地段、环境优美"。

价格标示"雾里看花"。广告单中标示的起价、均价并非房屋实际成交价，对消费者的参考意义不大，且标示价格往往不能反映实际的价格调整情况。

楼盘方位"模糊处理"。用"车程"这一模糊概念描述楼盘与某显著建筑物之间的距离，而不使用"公里数"；或在楼盘方位示意图上注明方位，以失当的比例误导消费者。

图片不标明类型。反映楼盘外观、绿化效果、配套设施的图片究竟是实景拍摄图片、模型照片还是电脑效果图，许多广告都未明示。

投资回报"拍胸脯"。购房投资具有较大的不确定性，但不少广告单打出"升值无限、稳赚不赔"的口号。实际上，此类关于投资回报的承诺是国家明令禁止的。

因此，消费者在看广告单时一定要持谨慎态度，要注意以下三点：

一要注意广告上是否标注楼盘预（销）售许可证号，这是证明开发商是否拥有相关资质、楼盘项目是否合法的关键性标志；

二要客观对待房地产广告，它只是一种参考资料，不应盲信盲从。购房者应到实地察看，以实物为准；

三要保留广告单、楼花等宣传资料，日后开发商一旦食言，这些资料可作为追究其法律责任的有力凭证。最高人民法院已将开发商对外发布的宣传资料上的相关表述界定为"要约"，凡不兑现者，可视为违反合同，应承担违约及赔偿责任。

火眼金睛

对于广告中的文字大小，一些房产商动足脑筋，将一些极具诱惑力的文字无限放大，将一些事关购房者切身利益的关键字无限缩小，并放在最不起眼的位置，是房产商们惯用的手法。广大消费者要看清房产广告中的每一个字，不要被售楼小姐的花言巧语所蒙蔽，用自己的双眼去判断楼盘的每一处利弊，并在适当的时候请教专家或律师，这样才能使自身利益得到最大保障。

第十四篇

伸向商业的黑手

——商业诈骗

“无商不奸，无奸不商”，话虽如此，但凡事都有个度，超过这个度，就变成了骗。

中间商得留点神

A 公司收到了一套印刷精美、制作考究的产品介绍材料。铜版纸上详细介绍了一种高科技产品——“纳米水晶布”。布料样品、批发零售价目表一应俱全，同时还夹有一页粉色的聘书，上面赫然写着：经我公司研究决定，特聘请何先生为我公司华东地区特约总经销商，落款单位是 B 公司。

何先生是 A 公司的法人代表，竟不费吹灰之力，就得了个华东地区总代理的资格！半个月后，就在人们几乎已将此事淡忘时，A 公司出乎意料地接到了一个买家的来电，订购的正是——纳米水晶布。

电话那头除了此起彼伏的电话铃声，还隐约能听到些对话声：“报告首长”、“请进”……所有的一切似乎都在暗示，这是一个工作繁忙的部队机关工作人员。这个买家连价钱都没仔细问就一口气订购了 2 万米布料，而且反复强调这批货要得十分急。对方还自报家门——解放军某部队的军需处处长王某。

这桩买卖的毛利约在 20 万元左右。面对自个儿送上门来的买卖，接电话的经理心里暗暗欣喜，立即与供货商 B 公司取得了联系，B 公司信誓旦旦地向他保证供货绝对没有问题。

经理随即与军需处长取得了联系，双方通过传真签订了供销合同。这个王处长倒也十分爽快，立即通过银行电汇预付了一半货款，还将电汇凭证传真给了经理。表面上看起来，部队已经支付了一半货款，而且合同书也已通过传真签好，但货款是否到账，要一个时间段才能查到，而他们的货又要得那么急。此时，经理就花钱把“纳米水晶布”先给买下了。其实王处长根本就没有电汇贷款。

当得知款子没有打到 A 公司账户时，经理急忙打电话给王处长，结果是此号码已过期。打电话给 B 公司时，B 公司电话无人接听。就这样，A 公司上当了。

火眼金睛

此计通常是两人配合，一方先告诉你手头有某批产品需要寻求代理，问你是否感兴趣；不久后，在很短时间内，另一方以采购商的面目出现，告诉你他恰好需要这批产品，以此来诱骗你买下他的产品。一边急需购买产品的买家，一边一个有充足货源的卖家，骗者利用你想作为中间商牟取暴利的心理，给你投下足够的诱饵。在骗子们精心策划的一幕幕骗局下，你就心甘情愿地成为了中间商，如果这样，你将成为此类骗局的又一个受害者。

砸钱没那么简单

在一次招商引资会上，某化工厂被某投资顾问公司相中。由该投资顾问公司牵线，自称是香港某投资集团公司董事的赵某等人到这家化工厂进行考察。就在当天，双方签定了由香港投资集团公司向化工厂投资2000万美元的合作意向书。事后，化工厂还塞给了香港方面此行几人每人一个大红包，每个红包6000元。

过了两星期，赵某等人到化工厂进行了第二次考察，并答应首次投资300万美元。“最近，外汇管制很严，美元不能直接汇进来，我们公司需要将300万美元先打给澳门博彩公司，经澳门博彩公司兑换成人民币后再打给你们化工厂。”赵某说，“这需要支付汇差款32.54万元人民币、手续费16万元人民币，你们看，这笔钱你们能不能支付一下。”化工厂二话没说，就答应了。化工厂把48.54万元现金交给第三次来的赵某等人。另外，经赵某等人的要求，化工厂还给他们报销了9000多元的餐饮费和机票款。

当天下午，赵某等人离开化工厂来到广州。赵某等三人入住了广州某涉外宾馆。令他们万万想不到的事发生了，宾馆服务员在登记住宿时，感觉他们持有的香港永久性居民身份证可能是伪造的。随即，他们向广州市公安局出入境管理处作了汇报。

经查，赵某三人所持的香港永久性居民身份证、港澳居民来往内地通行证全部是伪造的。

火眼金睛

广大中小企业经营者，在进行招商引资的过程中，要有足够的防范意识，警惕这种新类型的骗术，同时做生意前先学好相关法律知识。我们在引进投资时仅需到相关部门做简单的调查和咨询，便可了解对方公司的真实情况。

以包工程之名行骗

杨某通过虚报注册资金成立某投资开发有限公司，并聘请黄某为公司董事兼工程指挥长，退休工人陈某为公司办公室主任。公司注册后，杨某将高息借到的钱归还别人，自己账上没有分文。

不久，杨某胡乱编造了一个项目承包工程，开始四处向人吹嘘该投资公司将投资某地建厂，将对外承包工程。

正愁没工程的某建筑公司经理李某听说杨某他们投资建厂的事后，在胡某的引见下面见“工程指挥长”黄某。双方签订了工程承包合同，黄还向李某索要了4000元“好处费”。

后李某又两次付给杨某的投资公司“好处费”、“例标费”各1万元。

同时，另一建筑商魏某又落入该公司圈套。魏某与该公司签订了“价值”1000万元的“某电站承建合同”后，上缴了2万元“例标费”。随后又再次上交了3万元。

事后，杨某又把并不存在的工程包给若干人，骗取好处费人民币若干万元，钱到账后立即玩起了失踪。

火眼金睛

骗子利用某一合法或虚假的工程项目，与一个或多个当事人签订合同，以骗取数额较大的定金、预付款，顺便也骗取一些回扣费。我们在包工程过程中一要搞清工程真假，二要搞清工程是否已被发包，三要搞清你的关系人是否具有发包资质，是否有能力帮你包到工程。经济活动中，切记三思而后行，不要头脑发热盲目为之，以免掉入骗子设下的圈套。

预付款别急着交

某对外经济贸易总公司向广州一公司发了一份传真，称有俄罗斯外商要求购一批产品，要求广州公司邮寄样品、相关资料及证书等。

广州公司按要求寄出后，不久便接到王某的电话和传真的邀请函、订单，称他们公司的领导和俄方商务代表经多次商谈后，对产品非常满意，决定订货，首批订货金额为 80 万元，要求广州公司负责人携带公司的营业执照、税务登记证、合同专用章等相关证件及封样产品到他们公司签合同。

广州公司派人到达了某市，来到了该对外经济贸易总公司。该贸易公司主任赵某介绍了公司的情况，并出具了公司的营业执照、税务登记、组织机构代码证、海关注册登记书、进出口企业资格证书等证书的原件，并为广州公司复印了一份，称俄方对广州公司的产品非常满意，然后就和广州公司签合同，合同总额为 80 万元。

签完合同后，贸易公司方说此单要付 6% 的佣金，双方各付 3%，广州要先付 24000 元的佣金，并明确告诉广州公司，如果合同不执行，退还全部佣金。

广州公司虽然对先付佣金的做法有疑义，但考虑到这是一家政府部门下属的外贸公司，而且公司的门口还悬挂着“重合同，守信誉单位”和银行的“AAA”资信证明等牌子，广州公司就相信了。

第二天该贸易公司主任称已将合同传真给了俄方，俄方也将成交确认书传真过来，广州公司见到成交确认书后，交了 5000 元的佣金预付款。在此期间，广州公司还给他们送了

价值近千元的礼物，并宴请了他们两次。外贸公司主任让广州公司的人回去等消息，称此单合同100%能做成。

过了几天，广州公司打电话过去，已经无人接听。其实所谓签合同、成交确认书等全部是以诈骗佣金为目的而设计的圈套，佣金骗到手后，会找出种种理由，告诉你产品不合格，拒绝执行合同，而被骗的佣金，永远别想要回来。

火眼金睛

这类公司一般打着某某外贸公司的旗号，以俄罗斯、朝鲜、蒙古的订单作诱饵，签完合同后，让客户把货发往北方某地，然后以外方来华验货要先付佣金为理由，骗取钱款。如果你把佣金付了，他随便找个理由说质量或包装有问题，货不要了。如果你不付佣金，货拉去拉回，运费、精力白白浪费。

看好你的设备钱

在某报纸上频繁出现了一条合作投资的信息：某玩具厂想在该县投资建一个木制玩具厂，但要找一个合作伙伴。

一家木业公司经理张某看到合作办厂的消息后，立即和该玩具厂取得了联系。不久，一个名叫林女士的副厂长来考察，并同意和该木业公司合作。于后几天，张经理和林女士签订了合资办厂协议。

半个月后，林女士打来电话，工厂设备是甘肃兰州一家机械制造厂订做的，并约定日期到达兰州购买设备。张经理赶到兰州后，根据合同支付人民币38万元。然而让张经理没有想到的是，收到钱后林女士就蒸发了。

同样的故事于还发生在某村。浙江某厂“特派专使”林女士来到该村考察，并由镇长亲自陪同。一日，林女士打来电话说：他们厂同意在该村合办玩具厂，邀请村里人到浙江考察。接到这个电话后，镇党委书记亲自赶赴浙江某厂考察。随后，双方签订了合作协议。

不久，林女士打来电话说，在兰州看好了设备，于是该村又派人来到兰州，就这样村民们的35万元被骗。

火眼金睛

利用人们急于致富或引进项目的心理，在当地报纸连续发布合资广告，找到上当者之后，以做生意为名，租住一家大的厂房，随后以购买产品为名堂而皇之地带受害人到该厂厂区参观。为了让自己的骗局更周密一些，每到一个地方，他们还请来当地的政府官员甚至是法官捧场，最终实施了一起起诈骗。

猪八戒倒打一耙

随着房地产业的迅猛发展，建筑特种涂料十分紧缺，价格飞涨。 搞建材经销的李先生看着订单满天飞，可自己却因为小店小铺而拿不到货，心里急得不得了。 李先生上天入地搜遍了各种信息渠道。 功夫不负有心人，在网络上，李先生发现了一家公司不但有货，报价还非常便宜。

李先生迅速和对方联系，双方商定了价格，还带李先生到货场验货。 最后双方签订好购销合同。 按照合同规定，李先生爽快地付了订金，并在规定时间到货场提货。

过后几天，对方公司的负责人打来电话，说由于某些原因明天不能提货，请等待通知，且在电话中一再向李先生道歉，还信誓旦旦地保证，一切损失由他们负责。

李先生虽然觉得不对，但仔细想了想，又想不出有什么地方不妥。但一等就是几天，对方仍没有任何消息，焦急的李先生便到对方公司追货，然而，事件后面的发展让李先生大吃一惊。

该公司的负责人不但矢口否认推迟提赁的事情，更反咬一口，称李先生违约在先，没有准时来提货，造成仓库无法清空，新货无法进来，已经给公司造成了巨大的损失，要求李先生赔偿。 李先生咨询过律师，这种情况由于举证困难，官司很难打。 看来，李先生的订金肯定是要不回来了。

火眼金睛

制造此种骗局的骗子公司往往故意制造突发事件，然后借空口无凭，讹诈客户的订金。这可算是“秀才遇上兵，有理说不清了”。对于初次合作的企业，一定要特别小心，一般程序之外的特殊情况，最好能留下书面的东西，以防万一。

特许加盟悠着点

特许加盟时下正在成为一个时髦词汇，放眼望去，遍布大街小巷的美容店、洗衣店、冲印店、头饰店、眼镜店大都是招牌似曾相识的加盟店。但是，近来频发的特许加盟纠纷让人不得不三思而行。

一些被称为“加盟陷阱“的企业大都是小企业，他们大多实力并不雄厚，经营状况不佳，发展加盟商的目的只是为了利用加盟商的资金迅速拓展市场。

王先生，下岗之后一直闲在家里，他在一个特许加盟展览会上结识了声称“八万创业，半年回本”的“大众眼镜”眼镜店，对方告诉他，只需交 8 万元就可以开一家别人 50 万元才能建立的名牌眼镜店，只需半年时间就可以回收全部投资成本。王先生心念一动，拿出大半辈子的积蓄交纳了 3 万元加盟费，与这家眼镜店签了 5 年合同，准备在广州市的繁华路段开一家加盟店。可是接下来的情况大大出乎意料：王先生还没开张，就已经花掉了17 万元钱，远远超出当初“八万创业”的预算。王先生不得不四处举债，其加盟店才勉强得以开张。后来的局面就更加不受王先生控制了：好不容易开了店，却发现赚的钱不多，花的钱却不少，每月向总店缴纳 5％的管理费，3％的加工费，3％的配货款，外加每年 8000 元的广告费等名目繁多的费用，一年下来，王先生的加盟店已处于亏损边缘，“半年回本”的承诺早就沦为一纸空文。

火眼金睛

目前全国各地特许加盟的招商活动依然如火如荼，提醒创业者：不要被诱人的加盟条件所迷惑，应该多了解加盟企业的实力及相关使用产品的品质、人员素质状况、投资回报周期等相关情况再作决定。

诱人订单变烫手“山芋”

随便翻开时下都市报纸，“加工木箱”、“加工铁锹棒”、“急需汽车滤芯片”等小广告林林总总，令人目不暇接，而且这些广告上开列的订单均号称需求大、利润高、工艺简单。果真有这么多的诱人商机吗？

蒲先生在某报纸上看到一则加工松木箱的广告：某商贸公司称，急需2万只松木箱，每只单价130元。蒲先生粗略一算，1只松木箱成本怎么也到不了90元，照这样算，这笔生意顶多需要3个月的时间，利润竟高达80万元！真有这样的好事？将信将疑的蒲先生立即与该商贸公司经理王某取得联系，王某称需方是一家军工企业，木箱要的很急，要马上签合同。

过了几天，蒲先生跟着王某一起来到另一公司。据王某介绍，该公司是帮部队购买木箱的企业，是真正的需求方。很快，蒲先生便与该公司就加工松木箱订单达成一致。为慎重起见，该公司一位姓安的经理特意嘱咐蒲先生要双方共同出资对合同进行“公证”。于是，在该公司的安排下，蒲先生来到法律服务所，交纳了法律咨询费、合同审查费、合同修改费、谈判费等相关费用7800元。

5天后，蒲先生按合同约定向该公司送交样品。公司一位女士以手摸、眼看的手段“检验”样品，认定样品不符合合同要求，需重新加工。

2天后，蒲先生又送交重新加工后的样品，该公司的技术人员还是像上次一样“检验”一番，承认“样品工艺达到要求”，但合同约定开工支付的预付款却迟迟没有到位。

正当蒲先生一次次催促预付款时，令他难以置信的事情发生了。对方公司一纸诉讼将蒲先生告上法庭，称“经权威部门鉴定，不符合双方约定图纸要求，视为不合格产品”，致使合同无法正常履行，按合同蒲先生需支付违约金7．8万元。

火眼金睛

在签订产品加工合同时，最值得注意的就是应使合同上产品的规格与加工图纸上的规格一致，骗子们往往在厂方代表未觉察的情况下，故意与厂家订立与图纸要求不符的合同；或者利用签约时厂家因大意或缺乏常识而没有在合同与图纸上盖上骑缝章的漏洞，偷换加工图纸，使合同上所规定的产品计算单位、精度要求与图纸相应的标准产生矛盾，以此为借口诈取合同款、违约金及赔偿费等。

知识产权上做文章

近年来，针对众多专利权人、发明家进行诈骗的事件屡见不鲜，由于骗子们在诈骗的数额方面控制得较为谨慎，这样，因损失不大，被骗后，大多数人也并没有及时向公安部门报案，客观上助长了犯罪分子继续行骗的嚣张气焰。

骗术1：以购买专利为名，将专利权人骗到行骗者当地，在宾馆中双方洽谈转让细节，以博取专利权人的信任，似乎一切都已经谈妥，还煞有介事地要求回扣，然后提出由专利权人请客以联络与其单位领导的感情，由于请客吃饭在商场上很常见，就使人放松了警惕。然后，被领到一家不起眼的小饭店（人们往往认为小饭店价格高也高不到哪里），等到结账时，才发现其价格令人瞠目结舌，自己是进了黑店。由于此时是否被骗仍然难以识别，专利权人在难以判断的情况下还是如实支付了账目。接下来，对方所允诺的参观其企业的行程安排就开始变成漫长的拖延和等待。如果，对方发现专利权人对合同缺乏知识，则下一轮欺诈即又将开始！

这种诈骗手法在经济发展的今天的确令人很难相信，但是如果是发生在某些经济落后的地区，则又是可以被理解的，感觉非常可气！如果在出发前识别，则很简单，向对方索取其开户银行、开户账号及税号资料，不要不好意思，基本的信用了解是必须的；如果已经到了当地，则“不见兔子不撒鹰”，可以请客，但必须是对其单位状况完全了解后再做打算！

骗术2：以高价作饵，不进行或只是进行极少量的细节磋商，要求发明人直接到骗子所在地签署协议。届时，临时找来几个托并假称也是专利权人，由这些托与发明人竞争，最终以跳楼价格买下发明人的专利。此时，由于发明人已经付出了高昂的差旅投入并投入了大量的精力，最终往往只能选择接受命运。

识别的办法是在前期就每一个细节与其进行详细磋商，骗子们往往考虑的只是拼命打压价格，细节根本就没有考虑过而且根本不懂也不谈！

骗术3：以高价作饵，不进行或只是进行极少量的细节磋商，要求发明人直接到骗子所在地签署协议，并且前期洽谈特别强调要进行专利公证，似乎很可靠，实际上到了该地区并签署了协议后对方就不知所踪了！ 他的真实目的在于骗取公证费及其它费用。 公证单位确实是真的，但费用价格不对，差价被骗走，且不会支付任何转让金额，由于对方以虚假身份作掩护，发现问题时根本找不到他的存在；或者由其同伙乔装公证人进行团伙诈骗！

识别的办法主要还是前期细节磋商进行试探，另外，一定要到真实的公证单位进行公证，并且要确保咨询或公证时的公证人身份真实而不会是徘徊在公证处内的外来闲散人员！ 同时，我们还发现，使用这种骗术的骗子们往往不主动给发明人拨打长途电话，因为他自己根本就是囊中羞涩，如果接到来信后不要急于回电话，而是拖它几天，再打电话时，往往发现其手机已经被停机，一种原因是付不起手机费，另一种原因是他需要更改号码以便逃避受骗者的查找，因此，对付这种骗术，拖延可能也是一个识别的好方法！

骗术4：来信给发明人，表示很有购买诚意，要求尽快将样品寄出以便自己的老板做出决定，他们往往同时给许多发明人去信，谁要是蠢得沉不住气到了主动快速满足其要求的时候，谁的专利也就到了被假冒上几年的地步了！ 这种骗子主要是拿准了一般专利在取得证书后往往需要较长的时间寻找买家或投产资金，在这个阶段内发明人往往根本无暇去市场上追踪自己的专利是否被仿冒，通过专利局进行监控需要交费，这时的发明家往往又面临资金的短缺问题。 另外，他们信奉的是“世界之大，总有鱼上钩”的哲学，也确实屡试屡成。 这种骗术不容易识别，最好的办法就是不签合同不给样品，必须看样品时也要确保让其交纳入门费，这最少可以弥补技术泄密的损失！

骗术5：骗子与发明人联系，表示很有购买诚意，价格也还算可以，但强烈要求公证，并且强烈要求按照比例支付，比如签署合同时支付60%，产品合格后支付剩余的40%！ 必须指出，这种办法很难判定其究竟是企业的保护性行为还是预存欺诈行为！ 如果属于欺诈，诈骗方的主要目的就在于在产品投产后，以产品不合格为借口拒绝支付剩余的款额比例，由于已经做出公证，发明人如果不懂法，将很难收回其余的利益！ 说它很难识别，主要是因为诈骗方企业本身有一定的规模，需要技术改造但资金不足，借用这种办法来取得以少量资金杠杆获取大额专利权的目的。

对于这种可能存在的欺诈行为，只要是发明人确实已经取得专利证书，倒也不必担心，因为法律对此有明文规定，只要是获得专利权，法律将自动认为其已经可以被所属领域内的一般技术人员所理解，由于任何真实专利都属于公开技术，因此，法律规定只要是对方选择购买某专利（特指专利权转让性质的商业行为），即自动认为其已经对该专利的实施效果有了充分的认识和肯定。生产为产品时，产品是否合格受很多因素制约，产品是否合格与专利是否有效无必然性联系！我国国内关于这种情况已经出现了大量类似案例，无一例外的是判定发明人胜诉。企业从这个角度提出自己的条件，本身就反映了其对于法律的无知！不过各位专利发明人最好还是多一个心眼，毕竟法律诉讼的时间很长，如果最后对方企业根本无力支付剩余款项，不管从任何一个可能的处理方式来说，毕竟对于自己要造成损失！总之，如果在洽谈中发现持这种条件的对方态度生硬、死报着以上谈判条件不放，请千万小心！

火眼金睛

一般说来，在时间上，诈骗诱饵往往被设置于某项专利被公开或授权公告的初期，这个时候，专利权人急于将专利转让出手以换取经济利益，“急燥”构成了自己容易受骗的最致命的弱点。而且，对于大多数科研者来说，由于一般发明的数量不会很多，专利公开或公告初期，自己往往缺乏项目转让的实际操作经验，缺乏对于骗术的识别能力，在这个时候就容易被骗子乘虚而入，因此，此时注意保持高度的警惕性，就是非常必要的！

不要盲目相信香港公司

陈老板兴办了一家太阳能企业，两年的时间里，企业红红火火，南方几个大省都铺下了网络。 年轻的陈老板并未满足，一心想让企业再上个台阶。

一天，在一份中国著名的经济媒体上，一家名为香港华富隆公司的招商广告引起了陈老板的兴趣。 据广告介绍，这家总部设在香港的公司与东欧某国签订了联合投资的意向，打算吸收一些项目放过去，前景非常可观。 陈老板见是在知名媒体上做的广告，心里一动，就致电过去询问。

香港公司反映非常迅速，一周之内，陈老板就收到一份精美的企业介绍和项目申报说明。 按照项目申报流程的规定，这次的招商项目由设在北京的分公司全权负责。 因涉及商业秘密，所以具体资料需要付 2000 元向北京方面认购。

同时，那位接待陈先生咨询的工作人员还“好心”地无意透露出，陈先生的项目在当地很有市场潜力，不过已经有数家国内公司开始申报了。 陈先生赶紧如数向北京方面汇款。 不久，一份香港公司和欧洲合作的详细议定书寄到，中英文一式两份。 在材料的最后，还指定了一家产品检验公司。

当然，检验不是免费的，要再付 5000 元。 材料中还特别注明了申报材料递送的截止的具体期限，即两周之后。 看到还要再花 5000 元，陈先生有点心疼了。 犹豫了一下，陈先生决定亲自携样品送检。 检验很不顺利，原本质量过关的设备到处都有问题。

经过上上下下一番打点，陈先生终于如愿带着检验合格的报告来到了设在北京的这家公司。

本以为前景光明的陈先生又遭受了当头一棒，原来，一旦进入项目申报阶段，香港公司还将聘请权威机构对每个项目进行市场评估，企业还要再交三到五万元。 已经投了不少钱的陈老板一咬牙，又交了三万元。

最终的结果没有一点悬念，在那间“业内权威”的权威机构的全面评测下，所有企业全被斩落马下。

火眼金睛

这个骗局高明的地方是利用了人们对香港商业环境的不了解和盲信心理。其实在香港，注册一家公司很简单。花上几千的年费，就可以拥有香港的一处地址使用权。在这个骗局中，那些指定检验单位不过都是香港公司的下属，而且，他们巧妙地通过制造紧张气氛，影响了别人的正常判断。